高职高专"十三五"规划教材

财经管理系列

# 基础会计

褚 颖 周海娟 夏贵勤 主编

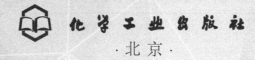
化学工业出版社
·北京·

本书以培养应用技术技能型人才为目标，以项目为导向，以技能操作为手段，以会计基本理论、会计基本方法、会计基本技能为主线进行内容安排编写。本书共分为九个项目，在编写过程中突出信息化技术的应用，注重应用能力培养，强化可操作性，体现了职业性、实践性的特点。

本教材适用于高职高专经济管理类专业教学使用，也可作为会计在职人员继续教育和培训使用。

**图书在版编目（CIP）数据**

基础会计/褚颖，周海娟，夏贵勤主编. —北京：化学工业出版社，2018.8（2020.10重印）
ISBN 978-7-122-32625-6

Ⅰ.①基⋯　Ⅱ.①褚⋯②周⋯③夏⋯　Ⅲ.①会计学-教材　Ⅳ.①F230

中国版本图书馆CIP数据核字（2018）第155633号

责任编辑：王　可　蔡洪伟　于　卉　　　　　装帧设计：张　辉
责任校对：边　涛

出版发行：化学工业出版社（北京市东城区青年湖南街13号　邮政编码100011）
印　　装：北京盛通商印快线网络科技有限公司
787mm×1092mm　1/16　印张11¼　字数272千字　2020年10月北京第1版第2次印刷

购书咨询：010-64518888　　　　　售后服务：010-64518899
网　　址：http://www.cip.com.cn
凡购买本书，如有缺损质量问题，本社销售中心负责调换。

定　价：36.00元　　　　　　　　　　　　　　　　　　　　　版权所有　违者必究

# 全国高等职业教育经管类专业教材建设工作分委员会委员名单

| | | |
|---|---|---|
| 洪 霄 | 主任 | 常州工程职业技术学院 |
| 谭文培 | 副主任（会计类） | 湖南化工职业技术学院 |
| 李晓波 | 副主任（会计类） | 内蒙古化工职业学院 |
| 周任慧 | 副主任（电商物流类） | 兰州石化职业技术学院 |
| 黄 浩 | 副主任（市场营销类） | 南京科技职业学院 |
| 刘 勇 | 副主任（酒店旅游类） | 徐州工业职业技术学院 |
| 董海华 | 秘书长 | 常州工程职业技术学院 |
| 姜彦飞 | 委员 | 河北工业职业技术学院 |
| 伊 静 | 委员 | 河北工业职业技术学院 |
| 万小东 | 委员 | 河北工业职业技术学院 |
| 马 明 | 委员 | 河北工业职业技术学院 |
| 褚 颖 | 委员 | 河南农业职业学院 |
| 张召哲 | 委员 | 河南应用技术职业学院 |
| 魏贤运 | 委员 | 徐州工业职业技术学院 |
| 耿 波 | 委员 | 徐州工业职业技术学院 |
| 李坚强 | 委员 | 扬州工业职业技术学院 |
| 闫秀峰 | 委员 | 扬州工业职业技术学院 |
| 田 跃 | 委员 | 扬州工业职业技术学院 |
| 钱 俊 | 委员 | 扬州工业职业技术学院 |
| 蒋良骏 | 委员 | 扬州工业职业技术学院 |
| 方 维 | 委员 | 贵州工业职业技术学院 |
| 李秀丽 | 委员 | 贵州工业职业技术学院 |

| | | |
|---|---|---|
| 徐祥龙 | 委员 | 内蒙古化工职业学院 |
| 罗佛如 | 委员 | 内蒙古化工职业学院 |
| 朱永香 | 委员 | 内蒙古化工职业学院 |
| 王旭丽 | 委员 | 内蒙古化工职业学院 |
| 连　波 | 委员 | 包头轻工职业技术学院 |
| 刘贵生 | 委员 | 兰州石化职业技术学院 |
| 胡杰林 | 委员 | 天津渤海职业技术学院 |
| 张雪荣 | 委员 | 河北化工医药职业技术学院 |
| 张　晋 | 委员 | 四川化工职业技术学院 |
| 窦　宇 | 委员 | 四川化工职业技术学院 |
| 熊美珍 | 委员 | 湖南化工职业技术学院 |
| 刘　婷 | 委员 | 湖南化工职业技术学院 |
| 赵秀云 | 委员 | 常州工程职业技术学院 |
| 张　敏 | 委员 | 广西工业职业技术学院 |
| 陈丽金 | 委员 | 广西工业职业技术学院 |
| 闵玉娟 | 委员 | 南京科技职业学院 |
| 史君英 | 委员 | 南京科技职业学院 |
| 许建民 | 委员 | 南京科技职业学院 |
| 郑晓青 | 委员 | 吉林工业职业技术学院 |
| 余江霞 | 委员 | 重庆化工职业学院 |
| 周海娟 | 委员 | 重庆化工职业学院 |

# 前　言

　　《基础会计》是化学工业出版社高职高专"十三五"规划教材，本教材围绕高职教育培养技能型、应用型人才的目标，在教材编写过程中以项目为导向，以岗位技能操作为手段，依据会计基本理论、会计基本方法、会计基本技能为主线进行内容编排。在编写过程中注重信息化技术的应用，教材编写体现以下主要特点。

### 1. 立体化教材呈现，满足学生线上线下混合式学习

　　课程数字化资源丰富，有多媒体教学课件，整个课程可满足学生利用移动端工具在线学习的需要，教学方法灵活多样、教学内容动态更新、教学资源丰富、交互功能强大，可以为学生提供全新的学习体验。

### 2. 提升教材信息化技术体验

　　充分利用二维码信息技术，进行动态实例讲解，改进读者的学习体验。

### 3. 理实一体，强化可操作性

　　教材内容安排做到理论阐述够用，突出应用性，强化技能操作性，讲练结合。编写有与本书配套的《基础会计实训》一书，针对教材每个学习项目配有针对性、实践性很强的技能训练，突出学生动手能力和专业技能的培养，充分调动和激发学生学习兴趣，以培养学生的知识应用能力，提高学生分析问题、解决问题的能力。

　　本书由河南农业职业学院褚颖、重庆化工职业学院周海娟和河南农业职业学院夏贵勤担任主编，曹金臣、乔海燕、刘素美、杨久慧担任副主编，张力维、刘艳、冷雪蕊、卢洲洋参与编写。褚颖老师负责全书总体设计和拟定编写大纲，河南农业职业学院其他老师参与编写。具体编写分工如下：夏贵勤编写项目一；乔海燕编写项目二；张力维编写项目三；冷雪蕊、刘艳、刘素美编写项目四；褚颖编写项目五；杨久慧编写项目六；周海娟编写项目七；曹金臣编写项目八；刘莎莎编写项目九。

本教材在编写过程中,参阅了大量的相关文献资料,并得到了相关院校和有关部门的大力支持与帮助,在此一并表示感谢!尽管我们在教材的编写特色上做出了一定努力,但由于编者水平所限,书中难免有疏漏及不妥之处,敬请读者批评指正,以便今后修改完善。

编 者
2018 年 3 月

# 目 录

**项目一　会计基本知识认知** —————————————— 1
　　任务一　认识会计 ……………………………………… 1
　　任务二　会计的核算前提和核算基础 ………………… 9
　　任务三　会计信息质量要求 …………………………… 12

**项目二　认识会计要素与会计等式** —————————— 16
　　任务一　认识会计要素 ………………………………… 16
　　任务二　认识会计等式 ………………………………… 22

**项目三　设置账户与复式记账** ———————————— 26
　　任务一　会计科目的设置 ……………………………… 26
　　任务二　账户的设置 …………………………………… 30
　　任务三　复式记账法 …………………………………… 33

**项目四　工业企业主要经济业务核算** ———————— 45
　　任务一　资金筹集过程业务核算 ……………………… 45
　　任务二　材料供应过程业务核算 ……………………… 49
　　任务三　产品生产过程业务核算 ……………………… 53
　　任务四　销售过程业务核算 …………………………… 59
　　任务五　财务成果业务核算 …………………………… 65

**项目五　填制和审核会计凭证** ———————————— 72
　　任务一　认识会计凭证 ………………………………… 72
　　任务二　填制与审核原始凭证 ………………………… 73
　　任务三　记账凭证的填制与审核 ……………………… 81

　　　　任务四　会计凭证的传递和保管 …………………………………… 89

## 项目六　登记会计账簿 —— 92
　　　　任务一　认知会计账簿 …………………………………………… 92
　　　　任务二　会计账簿的设置 ………………………………………… 100
　　　　任务三　会计账簿的登记 ………………………………………… 102
　　　　任务四　期末对账和结账 ………………………………………… 125
　　　　任务五　账簿的更换与保管 ……………………………………… 127

## 项目七　财产清查 —— 129
　　　　任务一　财产清查认知 …………………………………………… 129
　　　　任务二　财产清查的一般程序和方法 …………………………… 131
　　　　任务三　财产清查结果的账务处理 ……………………………… 137

## 项目八　财务报表的编制 —— 141
　　　　任务一　认识财务报表 …………………………………………… 141
　　　　任务二　认识资产负债表 ………………………………………… 146
　　　　任务三　资产负债表的编制方法 ………………………………… 149
　　　　任务四　认识利润表 ……………………………………………… 156
　　　　任务五　利润表的编制方法 ……………………………………… 158

## 项目九　会计档案的管理 —— 162
　　　　任务一　认识会计档案 …………………………………………… 162
　　　　任务二　会计档案的归档保管 …………………………………… 163
　　　　任务三　会计档案的借阅和销毁 ………………………………… 168

## 参考文献 —— 170

# 项目一
# 会计基本知识认知

【学习目标】
1. 掌握会计的概念,了解会计的产生和发展;
2. 掌握会计的基本职能;
3. 掌握会计的核算对象和方法;
4. 掌握会计的核算前提和基础;
5. 了解会计信息质量要求。

【引导案例】

张明、李子、赵华和马小林是某高校会计专业的大一新生,聚在一起自我介绍后谈到了所学专业,大家意见不一。

张明说:"什么是会计?会计就是一个人,我的邻居吴叔叔,人们都叫他吴会计。"

李子接着说:"不是吧,会计应该是一项工作,我前天遇到一老乡,问他在干什么?他说在一企业做会计。"

赵华也发表自己的看法:"会计应该是企业的一个机构部门,咱们学校就有财务处。"马小林也谈了自己的看法:"会计应该是一个专业,我填报志愿时选的是会计专业。"此时大家都陷入了沉思,似乎大家说得都有道理,感觉有"盲人摸象"之嫌,会计究竟是什么?

## 任务一 认识会计

### 一、会计的含义及特点

#### (一)含义

会计是以货币为主要计量单位,采用专门的方法和程序,对企、事业等单位的经济活动进行连续、系统、综合、全面的核算和监督,以加强经营管理、提高经济效益为目的的经济管理活动。

#### (二)会计的特点

① 会计是以货币作为主要计量单位。货币作为一般等价物,具有衡量商品价值的职能。企业进行任何经济活动都会涉及人力、物力、财力的投入和耗费,会计就是用货币的形式对这些活动进行反映和监督。如投资者投入企业的财产可以是现金,也可以是房产、设备等实物资产,也可以是专利技术,对于这些种类繁多、形式各异的财产,要进行信息汇总,必须采用统一的计量单位货币。当然在会计实务中还存在实物计量和劳动计量,这些只作为货币

计量的辅助手段，用于补充说明经济业务内容。总之经济计量的单位有货币计量单位、实物计量单位和劳动计量单位三种。

② 会计核算采用一系列会计专门方法。会计经过长期的发展，形成了该学科特有的方法体系，主要有会计核算方法、会计分析方法和会计检查方法。会计核算方法是会计学的基本方法。

③ 会计的基本职能是核算和监督。

④ 会计的本质是一种管理活动。会计管理活动具有连续性、系统性、全面性和综合性。

## 二、会计的产生及发展

### （一）会计的产生

① 会计不是自古而有之的，而是随着人类社会生产实践活动的发展和人们对社会经济活动进行管理的客观需要而产生的。

M1-1 会计产生及发展

结论一：会计是在社会生产实践中产生和发展的。

② 人们希望以"尽可能少的劳动消耗，获取尽可能多的劳动产出"，从而产生了管理的需要。

结论二：会计是经济管理的组成部分，是一种管理活动。

③ 会计受社会环境影响：随社会的发展和经济的发展而不断发展的。

结论三：经济越发展，会计越重要。

### （二）会计的发展

人类要生存，社会要发展，就必须进行物质资料的生产。生产活动一方面创造社会产品，另一方面发生劳动耗费。人们进行生产活动时，总是力求在尽量少的劳动时间里创造出尽可能多的物质财富。为了达到节约劳动耗费、提高经济效益的目的，这就需要对劳动耗费和劳动成果进行记录和计算，并将耗费与成果加以比较和分析，以便掌握生产活动的过程和结果。因此，会计产生于经济管理的需要，并随着经济管理的发展不断地发展和完善。会计的产生和发展大致经历了以下三个阶段：古代会计、近代会计和现代会计。

**1. 古代会计阶段（1494年以前）**

会计作为一项记录、计算和考核收支的工作，无论在中国还是外国都是很早以前就出现了。中国是世界文明古国之一，封建社会鼎盛时期的唐宋时代，经济发达程度曾处于世界领先地位，从而使中国古代会计在世界会计发展史上一度占据过重要地位。

（1）西周时代

根据《周礼》记载，我国早在西周时期就产生了"会计"一词。据《周礼》记载，西周国家设立"司会"一职对财务收支活动进行"月计岁会"，又设司书、职内、职岁和职币四职分理会计业务，其中司书掌管会计账簿、职内掌管财务收入账户、职岁掌管财务支出类账户、职币掌管财务结余，并建立了定期会计报表制度、专仓出纳制度、财物稽核制度等。西周时期会计核算有三大标志。

标志一："会计"一词应运而生。对会计的描述："零星算之为计，总合算之为会"。其含义是通过日积、月累的零星核算和最终的总合核算，达到正确考核王朝财政经济收支的目的。

标志二："司会"官职，与专门负责财物保管工作的官职"小宰"有了明确的分工。

标志三：我国初步形成会计工作组织系统，当时已形成文字叙述式的"单式记账法"。

（2）秦汉时期

秦汉时期，中国在记账方法上已超越文字叙述式的"单式记账法"，建立起另一种形式的"单式记账法"，即以"入""出"为会计记录符号的简明会计记录方法。它以"入－出＝余"作为结算的基本公式，即"三柱结算法"，又称为"入出记账法"。

（3）唐宋时期

唐宋时代，我国封建社会发展到了顶峰，出现了"四柱清册"的结账方法，即"旧管＋新收＝开除＋实在"，与现今的"期初余额＋本期增加发生额＝本期减少发生额＋期末余额"的结账方法已基本接近，形成了让中国引为自豪、让世界为之赞誉的中式簿记的早期形态。

标志一：产生了《元和国计簿》《太和国计簿》《会计录》等具有代表性的会计著作。

标志二：宋朝初期，创立了"四柱结算法"。所谓"四柱"，是指旧管（期初结余）、新收（本期收入）、开除（本期支出）和实在（本期结存）四个栏目。

$$旧管＋新收＝开除＋实在$$

现在账户核算使用的公式：

$$期初结存＋本期收入－本期支出＝期末结存$$

标志三：北宋时期算盘已经成为普遍的计算工具，我国出现最早的会计管理机构——三司会计司，总核天下财赋收入，提高了会计机构的地位。

**2. 近代会计阶段（1494年—20世纪30年代）**

这一时期，资本主义生产方式已初露端倪，商品经济有了相当发展，社会经济活动变得日益复杂而频繁，以往的简单的记账方法已经适应不了经济发展的需要，于是，同复杂的商品生产过程相适应的科学的会计核算方式——复式记账法便应运而生。

1494年意大利数学家卢卡·帕乔利的著作《算术、几何、比与比例概要》的问世，标志着近代会计的开端。该书专门用一章系统地总结、介绍了借贷复式记账法，为借贷复式记账法在世界范围内传播奠定了基础，被公认为是会计史上的第一个里程碑。1894年，苏格兰爱丁堡会计师公会成立，是会计发展史上第二个里程碑，它标志着会计开始作为一种专门的职业而存在。1911年泰罗的《科学管理原理》出版，产生了标准成本会计，是会计发展史上第三个里程碑。美国在经历了1929—1933年经济危机后，开始着手制定会计准则，用以规范会计行为，于是形成了以提供对外财务信息为主要任务的财务会计。

在近代同复杂的商品生产过程相适应的会计行业出现了三个里程碑：

第一，复式记账法的诞生，是会计发展史上的第一个里程碑，标志着近代会计的产生。

第二，会计职业的出现。

第三，标准成本会计的产生。

**3. 现代会计阶段（20世纪30年代至今）**

随着商品经济的迅猛发展，企业规模日益扩大，所有权与经营权的分离逐渐成为企业经营的主要产权制度方式，为满足内部管理者对会计信息的要求，管理会计逐渐与传统会计相分离，并形成一个与财务会计相对独立的领域。现代管理会计的出现，是近代会计发展成为现代会计的重要标志，是会计发展史上第四个里程碑。随着电子计算机的发明运用，现代电子技术与会计融合形成了"会计电算化"，会计核算手段方面发生了质的飞跃，将会计人员从繁杂的数据核算工作中解放出来，会计工作更高效、更严密，使会计工作从核算型向管理型转变。

从中外会计产生和发展的历程来看，会计是随着社会生产的发展和管理经济的需要而产生的，是人类生产实践活动的产物，会计的发展以当时的科学技术水平为条件，经历了由低级到高级、由简单到复杂、由不完善到完善的漫长发展过程。会计的发展对社会生产的发展有着十分显著的推动作用。生产越发展，经济越发展，会计就越重要。

通过上面对会计的产生和发展、会计的目标的了解，我们可以形成以下一些初步的认识：会计是社会发展到一定阶段后人们为了加强经济管理的需要而产生的；会计产生和发展的全过程都与提供经济信息和追求经济效益相关；会计以货币为主要计量单位并有其独特的专门的方法和程序。据此，我们可以给出会计的定义如下。

会计是以货币为主要计量单位，采用专门的方法和程序，对企业、事业单位等的经济活动过程进行连续、系统、综合和全面的核算和监督，旨在提供经济信息和提高经济效益的一项管理活动，是经济管理的重要组成部分。"会计"一词有多重的含义，可指会计工作、会计部门、会计人员、会计学科体系等，本书"会计"的含义侧重于会计工作和会计学科体系，包括会计实践与会计理论。

### 三、会计的目标

会计作为经济管理的组成部分，其目的就是要为管理部门提供真实可靠的信息，促使人们比较得失、权衡利弊、讲求经济效益。因此，提高经济效益既是管理的目标，也是会计的目标。

在国外会计准则中，会计目标一般被定位于"满足会计信息使用者的需要"。在我国的会计准则中，会计目标被一般解释为：是向财务会计报告使用者提供与企业财务状况、经营成果和现金流量等有关的会计信息，反映企业管理层受托责任履行情况，有助于财务会计报告使用者做出经济决策。会计信息使用者主要包括：

① 会计信息的外部使用者：投资者、债权人、政府部门（税务部门、财政部门、证券监管部门以及其他相关部门）、社会公众。

② 会计信息的内部使用者：企业内部管理者、企业职工。

### 四、会计的职能

会计职能，是指会计在经济管理中所具有的功能。随着会计的发展，会计的职能也在不断变化，可分为基本职能和扩展职能。会计的基本职能是核算和监督。随着经济的不断发展，经济关系的复杂化和管理水平的不断提高，会计职能也不断地得到充实，并开拓了新的领域。会计的职能除了会计核算和监督这两大基本职能外，还包括会计预测、会计决策、会计评价和分析职能。这些职能从不同侧面进一步强化了会计在经济管理中的职能作用。

下面主要介绍会计的基本职能。

#### （一）会计基本职能

会计的基本职能是指会计本身所具有的最基本的功能和作用。《中华人民共和国会计法》确定的会计的基本职能是核算和监督。

**1. 会计的核算职能**

会计的核算职能也叫作反映职能，也是会计的主要职能。会计核算是会计最原始、最重要的职能，也是全部会计管理工作的基础环节。任何经济实体单位要进行经济活动，都要求会计提供真实、完整的会计信息，这就需要会计通过对经济活动进行记录、计算、分类、汇总，将经济活动的

M1-2 会计职能

内容转换成为能够在会计报告中概括并综合反映经济活动状况的会计资料。会计的核算职能是指会计以货币为主要计量单位,通过确认、计量、记录、报告,对特定主体的经济活动进行记账、算账和报账,为有关方面提供会计信息的功能。核算主要是从数量方面反映企业已经发生和已经完成的各项经济活动,它是会计最基础的工作。

(1)确认 确认是指运用会计方法描述某一交易或事项,将其作为资产、负债、收入费用等会计要素加以区分、记录和计入财务会计报告的过程。确认分为初始确认与后续确认。要素项目确认包括两个方面:第一,此项经济业务或会计事项是否属于会计核算内容;第二,此项经济业务或会计事项应归属哪一个要素项目。此两项确认的基本标准是:第一,必须符合会计要素的定义;第二,此项经济业务或会计事项可以用货币进行计量。

例如:企业用银行存款购入一栋厂房,这栋厂房在会计中确认为什么?

按照会计准则所规定的标准和方法,应该将购入的厂房划分为资产中的固定资产,并且按照固定资产进行会计处理,这就是会计确认,将这栋厂房确定为固定资产。

(2)计量 计量是指在会计确认的基础上确认入账的金额。是用货币或其他度量单位计量某一交易或事项的过程。计量分为初始计量与后续计量。会计以货币作为主要计量单位,除此之外还可以有实物度量和劳动度量,它们也起到辅助计量的作用。会计计量包括计量单位和计量属性。货币计量通常以元、百元、千元、万元等为计量单位。计量属性是指计量对象可供计量的某种特性或标准,如历史成本、重置成本、现值、可变现净值、公允价值等属性。

上例中购入的厂房应该记多少钱呢?计量时依据购入时的相关原始凭证记入金额一百万元。

【想一想】
在日常生活中你所知道的实物计量单位和劳动计量单位有哪些?

(3)记录 记录是指运用一定的会计方法,以凭证与账簿为载体,详细记录经济主体的资金运动的过程。会计记录包括序时记录和分类记录。在记录的生成方式上,又有手工记录和电子计算机记录。

(4)报告 报告是指在确认、计量、记录的基础上,以财务报告的形式反映特定经济主体的财务状况、经营成果及现金流量等会计信息。会计报表是会计报告的主要构成内容,编制会计报表包括将账簿中的数据资料进行加工整理和综合汇总,并填入相关表格等一系列方法。会计报表系统提供会计信息,以满足企业、单位外部信息使用者的信息需求,同时也满足企业和单位内部管理的需要,它必须按照信息使用者的要求进行编制。

### 2. 会计的监督职能

会计监督是会计的另一个基本职能,也可以称为次要职能。会计的监督职能主要是指利用会计信息资料对经济业务的真实性、合法性与合理性进行审查。通过对经济活动进行检查、控制、指导,使得企业的经济活动按照一定的会计目标,遵循一定的会计原则而正常进行,以达到预期的目的。

**真实性**:监督企业会计记录是否根据实际发生的经济业务进行。

**合法性**:监督企业发生的经济活动是否遵守国家有关法律制度和相关方针政策,以杜绝违法乱纪。

**合理性**:监督企业发生的经济活动是否符合经济运行的客观规律和单位内部的管理要求,是否执行了单位内部的财务收支计划,是否有利于经营目标的实现。

会计监督职能包括事前监督、事中监督和事后监督。监督贯穿于经济活动的全过程。

核算和监督的关系：会计核算职能主要反映经济活动的过程，为经济决策提供会计信息，会计监督职能则保证会计信息的真实性、合法性与合理性。会计核算和会计监督两个基本职能关系十分密切，两者相辅相成；会计核算是会计监督的基础，而会计监督是会计核算的质量保证。两者必须结合起来发挥作用，才能正确、及时、完整地反映经济活动，有效地提高经济效益。如果没有可靠的、完整的会计核算资料，会计监督就没有客观依据。反之只有会计核算没有会计监督，会计核算也就没有意义。

### （二）会计的扩展职能

随着经济的不断发展，经济关系的复杂化和管理水平的不断提高，会计职能也不断地得到充实，并开拓了新的领域。会计的职能除了会计核算、会计监督这两大基本职能外，还包括会计预测、会计决策、会计控制和会计分析。这些职能从不同侧面进一步强化了会计在经济管理中的职能作用。

## 五、会计核算对象和方法

M1-3 会计核算对象

### （一）会计核算对象

会计核算对象是指会计核算和监督的内容。凡是特定主体能够以货币表现的经济活动，都是会计核算和监督的内容，而以货币表现的经济活动通常称为资金运动。所谓资金运动就是指再生过程中财产物资的货币表现。再生产过程是由生产、分配、交换和消费四个环节所构成的多种多样的经济活动过程，所以会计只能核算和监督能用货币表现的经济活动，即资金运动。由于各企业和行政、事业单位资金运动的具体内容和形式不同，其会计的具体对象也不同。

**1. 工业企业的资金运动**

表现为三种类型：资金进入企业、资金在企业内部循环周转、资金退出企业。如图1-1所示。

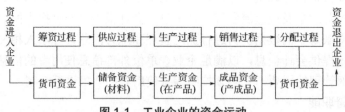

图1-1　工业企业的资金运动

（1）资金进入企业　工业企业要进行生产经营活动，就必须拥有一定数量的资金，即必须拥有一定数量的财产物资（包括厂房、机器设备、工具等劳动资料；原材料、在产品、产成品等劳动对象）和一定数量的货币资金。这些资金的来源渠道主要是企业所有者投资和向银行等金融机构筹借的款项。当企业取得货币资金或财产物资时，资金就进入了企业。

（2）资金在企业内部循环周转　工业企业的生产经营过程分为供应、生产和销售三个阶段。①供应阶段是生产准备阶段，企业用货币资金采购各种材料物资并储存待用，企业的资金由货币形态转化为储备资金。②生产阶段是工人运用劳动资料对劳动对象进行加工，生产出产品的阶段。生产阶段既是产品制造阶段，又是物化劳动和活劳动的耗费阶段。生产阶段是制造业最主要的阶段。在生产过程中要发生各种耗费,包括材料耗费、支付工资、固定资产耗费和支付其他费用等。企业的资金先由储备资金形态转化为生产资金,进而再转化为成品资金。③销售阶段是产品价值的实现阶段。在销售阶段,企业要出售产品,收回货币。这时企业的资金又由成品资金转化为货币资金。

工业企业的资金由货币资金开始,依次转化为储备资金、生产资金、成品资金,最后又回到货币资金的过程叫作资金循环。由于再生产过程不断地重复进行而引起的资金不断地循环叫作资金周转。在企业经营资金的周转过程中,作为资金循环起点与终点的货币资金是不相等的,其差额形成利润或亏损。

(3)资金退出企业　当企业偿还借款、上缴税金、分配利润等后,资金将不再参加企业生产周转,从而退出企业。

### 2. 商品流通企业的资金运动

表现为三种类型:资金进入企业、资金在企业内部循环周转、资金退出企业。

(1)资金进入企业　商品流通企业要进行生产经营活动,就必须拥有一定数量的资金,即必须拥有一定数量的财产物资(固定资产和商品)和一定数量的货币资金。这些资金的来源渠道主要是企业所有者投资和向银行等金融机构筹借的款项。当企业取得货币资金或财产物资时,资金就进入了企业。

(2)资金在企业内部循环周转　商品企业的生产经营过程分为商品购入和销售两个阶段。①商品购入阶段是经营准备阶段,企业用货币资金采购各种商品并储存以备销售,企业的资金由货币形态转化为商品资金。②销售阶段是产品价值的实现阶段。在销售阶段,企业要出售产品,收回货币。这时企业的资金又由商品资金转化为货币资金。

商品流通企业的资金由货币资金开始,依次转化为商品资金后又回到货币资金的过程叫做资金循环。由于经营过程不断地重复进行而引起的资金不断地循环叫做资金周转。在商品流通企业经营资金的周转过程中,作为资金循环起点与终点的货币资金是不相等的,其差额形成利润或亏损。

(3)资金退出企业　当企业偿还借款、上缴税金、分配利润等后,资金将不再参加周转,从而退出企业。

### 3. 行政事业单位的资金运动

表现为两种类型:只有资金取得和资金使用两个方面。

【想一想】

酒店服务企业的资金运动形态有哪些?

### (二)会计核算方法

会计方法是发挥会计职能,实现会计目标的技术手段。会计的方法是由会计核算方法、会计分析方法和会计检查方法三部分组成的。这里主要介绍会计核算的方法。

M1-4 会计核算方法

会计的核算方法主要有以下几种:设置账户、复式记账、填制和审核凭证、登记账簿、成本计算、财产清查和编制会计报表。下面只简要说明各种方法的特点和他们之间的相互联系(以后各章将陆续讲解各种方法的运用)。

**1. 设置账户**

设置账户是对会计对象的具体内容进行科学分类、核算和监督的一种专门方法。会计所核算和监督的内容往往是繁多复杂的，如财产物资就有各种存在形态：各种材料、机器设备、厂房及建筑物、半成品等。又如，取得这些财产物资所需要的经营资金可能来自不同的渠道，有的来自银行贷款、有的来自投资者投入等。他们在生产中的作用不同，管理的要求也不同。为了对各不同的经济活动进行反映和记录，在会计上就必须分别设置账户，以便取得经营管理所需要的各个方面的核算指标。

**2. 复式记账**

复式记账是对每项经济业务，都要以相等的金额在两个或两个以上的相关联的账户中进行记录的一种专门方法。在企业的资金运动过程中，任何一项经济业务都会引起资金的双重变化。例如，以银行存款购买材料，这项经济业务一方面会引起银行存款的减少，另一方面又会引起库存材料的增加。为了全面反映每一项经济业务所引起的这种双重变化，就必须在两个或两个以上的账户中同时加以记录。采用这种复式记账方法，可以如实地、完整地记录资金运动的来龙去脉，全面反映和监督企业的经济活动过程。

**3. 填制和审核凭证**

填制和审核凭证，是为了审查经济活动的合理性和合法性，保证账簿的会计记录正确、完整而采取的一种专门方法。记账必须有根有据，这种根据就是凭证。对于任何一项经济业务，都要按规定和计划进行审核和监督，审核无误的凭证才可以据以入账。因此，填制和审核凭证，是会计核算的一种不可缺少的专门方法。

**4. 登记账簿**

登记账簿，是将记账凭证中所反映的经济业务分别记入有关账户并在账簿上进行全面、连续、系统记录的方法。登记账簿要以记账凭证为依据，按照规定的会计科目开设账户，并将记账凭证中所反映的经济业务分别记入有关账户。登记账簿是会计核算的主要方法。

**5. 成本计算**

成本计算是计算与经营过程有关的全部费用，并按一定对象进行归集、计算，从而确定该对象的总成本和单位成本的会计方法。通过成本计算可以正确地对会计核算对象进行计价，可以考核经济活动过程中物化劳动和活劳动的耗费程度，为在经营管理中正确计算盈亏提供数据资料。

**6. 财产清查**

财产清查是通过实物盘点、往来款项的核对来检查财产和资金实有数额的一种专门方法。在财产清查中发现财产、资金账面数额与实存数额不符时，应及时调整账簿记录，使账存数与实存数保持一致，并查明账实不符的原因，明确责任；发现积压或残损物资以及往来账款中的呆账、坏账时，要积极清理和加强财产管理。财产清查保证会计核算资料真实、正确。

**7. 编制会计报表**

编制财务报表，是在账簿记录基础上对会计核算资料的进一步加工整理，即在日常账簿记录的数据资料基础上，采用一定的表格形式，概括地、综合地反映各单位在一定时期内经济活动的过程和结果。财务报表提供的资料是进行会计分析、会计检查的重要依据。

从填制会计凭证到登记账簿，再根据账簿记录编制财务报表，一个会计期间的会计核算工作即告结束，上述七种方法前后衔接，互相支持，共同构成了会计核算方法的有机整体。如图1-2所示。

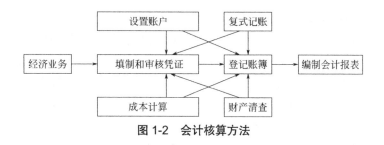

图 1-2 会计核算方法

# 任务二 会计的核算前提和核算基础

## 一、会计的核算前提

会计的核算前提又称为会计基本假设,是指对会计中尚未确知的事务,根据客观的正常情况或发展趋势,所做的合乎情理的判断和假定。会计基本假设是企业会计确认、计量和报告的前提,是对会计核算所处时间、空间环境等所作的合理设定。如果没有这些假设,会计核算就无法进行。我国在《企业会计准则》中规定了四个会计基本假设,包括会计主体、持续经营、会计分期和货币计量。

M1-5 会计核算前提

### (一)会计主体假设

会计主体是指企业会计确认、计量和报告的空间范围。为了向财务报告使用者反映企业财务状况、经营成果和现金流量,提供与其决策有用的信息,会计核算和财务报告的编制应当集中于反映特定对象的活动,并将其与其他经济实体区别开来,才能实现财务报告的目标。

在会计主体假设下,界定了会计为之服务的空间范围。会计主体可以是一个企业,也可以是企业下属的分厂、车间或事业部,还可以是企业集团。企业应当对与自身有关的交易或者事项进行会计确认、计量、记录和报告,反映与之相关的财务状况、经营成果和现金流量等会计信息。例如,为股东分派现金股利是企业作为会计主体核算的内容,而股东分到现金股利后如何使用则不再是会计主体所核算的内容。因此,通过会计主体假设,将会计核算与监督所指向的对象与其他主体的经济活动进行区分,便于企业独立核算,自负盈亏。

会计主体不同于法律主体。一般来说,法律主体应该能够独立的承担民事责任和刑事责任,可以是自然人,也可以是法人。会计主体是以能否独立核算作为判断依据的。因此,法律主体必然是一个会计主体,但会计主体不一定是法律主体。比如,企业作为一个法律主体,应当建立财务会计系统,独立核算,反映其财务状况、经营成果和现金流量,必然是一个会计主体。而企业下属的车间或事业部,因为要单独核算成本和损益,可以作为一个会计主体,却不是法律主体。在企业集团的情况下,一个母公司拥有若干子公司,母子公司虽然是不同的法律主体,但是母公司对于子公司拥有控制权,为了全面反映企业集团的财务状况、经营成果和现金流量,有必要将企业集团作为一个会计主体,编制合并财务报表。

### (二)持续经营假设

持续经营假设是指在可以预见的将来,会计主体将会按当前的规模和状态继续经营下去，既不会停业，也不会大规模削减业务。

实际上，企业在经营过程中会面临很大的风险，既有经营方面的财务风险，也有来自于外部的市场风险，企业随时有破产清算的危险。如果时时考虑清算风险，很多会计核算方法就无法进行。比如固定资产、无形资产、长期待摊费用的计提折旧和摊销。企业会计确认、计量和报告应当以持续经营为前提。根据这一前提条件，会计原则得以建立在非清算基础之上，从而为资产的计价、费用的分摊及收益的确定等提供了前提条件。

企业是否持续经营，在会计原则、会计方法的选择上有很大差别。一般情况下。应当假定企业将会按照当前的规模和状态继续经营下去。明确这个基本假设，就意味着会计主体将按照既定用途使用资产，按照既定的合约条件清偿债务，会计人员就可以在此基础上选择会计原则和会计方法。如果判断企业会持续经营，就可以假定企业的固定资产会在持续经营的生产经营过程中长期发挥作用，并服务于生产经营过程，固定资产就可以根据历史成本进行记录，并采用折旧的方法，将历史成本分摊到各个会计期间或相关产品的成本中。

持续经营假设只适用于正常经营状态下的会计主体，如果有证据证明企业已经无法正常经营，则此假设就不再适用，就要用清算会计，选择会计确认、计量和报告原则与方法。否则就不能客观地反映企业的财务状况、经营成果和现金流量，会误导会计信息使用者的经济决策。

## （三）会计分期假设

会计分期假设又叫会计期间假设，是指将企业持续经营的生产经营活动划分为一个个连续的、长短相同的期间。从理论上说，企业的经营成果，只有企业最后结束，变卖所有财产，清偿所有负债，将所剩余资金与投资人投资的数额比较后，才能准确确定下来。分计分期的目的，在于通过会计期间的划分，将持续经营的生产经营活动划分成连续、相等的期间，据以结算盈亏，按期编制财务会计报告，从而及时向财务报告使用者提供有关企业财务状况、经营成果和现金流量的信息。由于会计分期，才产生了当期与以前期间、以后期间的差别，才有了资产、负债、所有者权益等归属期间的问题，为权责发生制等会计基础提供了前提条件。

在会计分期假设下，企业应当划分会计期间，分期结算账目和编制财务报告。会计期间通常分为年度和中期。会计中期是指短于一个完整的会计年度的报告期间，包括半年度、季度和月度，会计年度与公历年度一致。

## （四）货币计量假设

货币计量假设是指会计主体在财务会计确认、计量、记录和报告时以货币为主要的计量单位来反映会计主体的生产经营活动。根据这个前提，会计的内容仅限于能够用货币来计量的企业经济活动，不能用货币计量的经济活动就不是会计核算与监督的对象。

在会计的确认、计量和报告过程中之所以选择货币作为主要的计量手段，是由货币的本身属性决定的。货币是一般等价物，具有价值尺度、流通手段、贮藏手段和支付手段等特点。其他计量单位，如重量、长度、容积、台、件等，只能从一个侧面反映企业的生产经营情况，无法进行汇总和比较，不便于会计计量和经营管理。货币计量假设可使有关企业的经济活动情况数量化、综合化，从而使会计信息更具有可比性，既保证会计在同一企业的前后各期可比，又保证在不同企业之间可比。

货币计量的假设是以币值稳定假设为前提。在现实生活中，通货膨胀和通货紧缩都可能使货币的购买力发生变动，对币值产生影响，从而使单位货币所包含的价值随着现行的价格的波动而变化。这时运用币值不变的货币计量假设就面临资产不能反映其真实价值，严重影响了会计信息的质量及其对决策的有用性。

> 【知识链接】
> 　　货币计量假设以外，企业还需要确定记账本位币，即采用何种统一的货币来反映企业的财务状况及经营成果。《会计法》规定："会计核算以人民币作为记账本位币。业务收支以人民币以外的货币为主的单位，可以选定其中一种货币作为记账本位币，但是编报的财务报告应当折算为人民币。"在企业的经济业务涉及多种货币的情况下，需要确定某一种货币作为记账本位币；涉及非记账本位币的业务，需要采用适当的汇率折算为记账本位币登记入账。人民币并非是唯一的记账本位币。

会计的四个基本假设互为补充，会计主体假设界定了会计确认、计量和报告的空间范围，持续经营、会计分期假设界定了会计核算的时间长度范围，货币计量假设为会计核算提供了必要的手段。

## 二、会计核算基础

会计基础是指会计确认、计量和报告所遵循的原则。在会计主体的经济活动中，货币资金的收付往往与收入和费用的确认不同步，即存在着现金流动与经济活动的分离。由此而产生两个确认和记录会计要素的标准，一个标准是根据货币实际收付来作为收入和费用确认和记录的依据，称为收付实现制；另一个标准是以取得收款权利或付款责任作为记录收入或费用的依据，称为权责发生制。

M1-6 会计核算基础

### （一）权责发生制

权责发生制，又称应收应付会计制，是按照权利和义务是否发生来确定收益和费用的归属期。即以取得收款权利或付款责任作为记录收入或费用的依据。

权责发生制基本要求：

① 凡是当期已经实现的收入和已经发生或应当负担的费用，无论款项是否收付，都应当作为当期的收入和费用，计入利润表。

② 凡是不属于当期的收入和费用，即使款项已在当期收付，也不应当作为当期的收入和费用。

权责发生制的核心：

是以交易或者事项的实际发生为标准，确认收入和费用的归属期。即以权利与责任（应收与应付）的发生为标准，又称为应收应付制。

### （二）收付实现制

收付实现制又称实收实付制，是以现金实际收到或付出为标准，来确认本期收入和费用的方法。即根据货币实际收付来作为收入和费用确认和记录的依据。

收付实现制基本要求：

① 凡是当期已经收到或付出现金，无论相关交易或者事项是否发生或完成，都作为当

期的收入和费用。

② 凡是当期未收到或未付出现金，均不作为当期的收入和费用。

收付实现制的核心：

是以相关货币的收付时间为标准，确认收入和费用的归属期。即以实际收付为标准，又称为实收实付制。

目前，我国《企业会计准则——基本准则》中规定企业应当以权责发生制为基础进行会计确认、计量和报告，但财务会计报告中的现金流量表应以收付实现制为基础编制。行政单位会计主要采用收付实现制，事业单位除经营业务采用权责发生制外，其余大部分业务采用收付实现制。

【想一想】

权责发生制和收付实现制哪一种更合理？

【例 1-1】按权责发生制确认企业 4 月份的收入和费用。

（1）5 日销售产品 3 000 元，货款存入银行。
（2）6 日销售产品 20 000 元，货款尚未收到。
（3）支付第二季度的租金 3 000 元。
（4）收到上月份应收的销货款 1 000 元。
（5）收到购货方预付货款 4 000 元，下月交货。
（6）本月应付水电费 1 000 元，下月支付。

**解析：**（1）确认收入 3 000 元。
（2）确认收入 20 000 元。
（3）本题支付的是一个季度的费用，4 月份应该确认的应是 1 000 元。
（4）本题不应确认收入。
（5）本题不应确认收入。
（6）本题水费已发生，不论是否支付，均应确认为 4 月份的费用。

【做一做】

依上例资料，按收付实现制确认 4 月份的收入和费用。

## 任务三　会计信息质量要求

会计的目标就是为企业外部和内部各方面提供相关的会计信息。会计信息质量要求是对会计核算最终产生的结果——财务会计报告所提供的会计信息的基本要求，是会计信息应具备的基本特征，也是对会计核算的要求。会计信息质量的高低是评价会计工作成败的标准，为了规范企业会计确认、计量和报告行为，保证会计信息质量，我国的《企业会计准则——基本准则》对会计信息的质量要求有以下八项内容：可靠性、相关性、可理解性、可比性、实质重于形式、重要性、谨慎性和及时性。

## 一、可靠性

可靠性原则要求企业应当以实际发生的交易或者事项为依据进行会计确认、计量和报告，如实反映符合确认和计量要求的各项会计要素及其他相关信息，保证会计信息真实可靠、内容完整。

可靠性原则是对会计工作的基本要求。可靠性原则有四方面的含义：一是真实性，指提供的会计信息应如实反映企业的财务状况、经营成果和现金流量状况；二是客观性，指对经济业务的确认、计量和报告应不偏不倚，以事实为依据，不受主观意志所左右；三是可验证性，指有可靠的凭据，以供复查其数据来源和信息提供过程；四是信息完整，如收入大幅提高是由于国家政策所致时，报表只提供收入信息不够，应披露国家政策的影响。

## 二、相关性

相关性原则要求企业提供的会计信息应当与财务会计报告使用者的经济决策需要相关，有助于财务会计报告使用者对企业过去、现在或者未来的情况作出评价或者预测。

会计的主要目标就是向会计信息使用者提供对其决策有用的信息。因此，会计信息的价值在于是否能够有助于决策，如果提供的信息对会计信息使用者的决策没有什么作用，不能满足会计信息使用者的需要，就不具有相关性。相关的会计信息不仅能够帮助会计信息使用者评价过去的决策，还可以使会计信息使用者对企业未来的财务状况、经营成果和现金流量等做出预测。如相关产品过剩，企业存货跌破账面价，会计上计提跌价准备就是提供资产已经减值的相关性信息。

## 三、可理解性

可理解性原则要求企业提供的会计信息应当清晰明了，便于财务会计报告使用者理解和使用。根据明晰性的要求，会计记录应当清晰，账户对应关系应当明确，文字摘要清楚，数字金额准确，以便会计信息使用者能准确完整地把握信息的内容，更好地加以利用。

会计信息的作用是帮助使用者做出正确的决策，企业提供的会计信息就应当清晰明了，便于多数财务会计报告使用者理解和使用。如果企业的会计核算和编制的财务会计报告不能做到清晰明了，不便于理解和使用，就不符合可理解性原则的要求，就不能满足会计信息使用者的决策需求。会计信息的价值在于对信息利用者的决策有用，因而必须使信息利用者理解会计记录乃至编报报告语言、方法的含义和用途，可理解性原则应贯穿于会计工作的各个阶段。

## 四、可比性

可比性原则要求企业提供的会计信息应当具有可比性，强调对于相同或者相似的交易或者事项，不同企业或同一企业的不同会计期间，应当采用一致的会计政策，以使不同企业、不同的会计期间按照一致的确认、计量和报告基础提供有关会计信息。

可比性原则包含同一企业的不同会计期间会计信息的纵向可比与不同企业会计信息的横向可比。

### 1. 同一企业纵向可比

同一企业不同时期发生的相同或者相似的交易或者事项，应当采用一致的会计政策，不得随意变更。如企业固定资产的折旧办法可以有年限平均法、工作量法、双倍余额递减折旧法、年数总和法,长期股权投资的核算方法可以选择成本法或是权益法,企业一经选定在不同的会计核算期间就不得随意变更,如果确需变更,要视具体情况作为会计估计变更或会计政策变更进行相应的处理,随意变更的还要作为会计差错进行调整,并在会计报表附注中加以披露。

### 2. 不同企业横向可比

不同企业发生的相同或者相似的交易或者事项,应当采用规定的会计政策,确保会计信息口径一致、相互可比。企业经营的好坏,资产情况如何,靠企业间会计报表信息比较,如果企业记账都口径一致,无疑可比性增强。如企业资产负债表中的货币资金项目,所有企业在列报时都是由库存现金、银行存款、其他货币资金三个账户的余额加总所得的,这就可以使不同的企业提供的会计信息口径一致、相互可比。另外可比性原则以客观性原则为基础,并不意味着不能有任何选择,要看这种选择是否可以进行有意义的比较。如为了如实反映应收账款的风险,可以根据实际情况选择计提坏账准备比例。

因此,可比性原则要求企业的会计核算应当按照国家统一的会计制度的规定进行,使所有企业的会计核算都建立在相互可比的基础上。只要是相同的交易或事项,就应当采用相同的会计处理方法。会计处理方法的统一是保证会计信息相互可比的基础。不同的企业可能处于不同行业、不同地区,经济业务发生于不同时点,为了保证会计信息能够满足决策需要,便于比较不同企业的财务状况、经营成果和现金流量,企业应当遵循可比性原则的要求。

### 五、实质重于形式

企业应当按照交易或者事项的经济实质进行会计确认、计量和报告,不应仅以交易或者事项的法律形式为依据。如果企业的会计核算仅仅按照交易或事项的法律形式或人为形式进行,而其法律形式或人为形式又未能反映其经济实质和经济现实,那么,会计核算的结果不仅不会有利于会计信息使用者的决策,反而会误导会计信息使用者的决策。

如以融资租赁方式租入的资产,虽然从法律形式来讲承租企业并不拥有其所有权,但是由于租赁合同中规定的租赁期相当长,接近于该资产的使用寿命;在租赁期内承租企业有权支配资产并从中受益;租赁期结束时承租企业有优先购买该资产的选择权。所以,从其经济实质来看,企业能够控制其创造的未来经济利益,所以,会计核算上将以融资租赁方式租入的资产视为承租企业的资产,在受益期进行折旧或摊销。

因此,会计信息要想真实可靠反映交易或事项,就不能拘泥于其法律形式,必须根据交易或事项的实质和经济现实,而不能仅仅根据它们的法律形式进行核算和反映。

---

**【知识链接】**

(1)融资租赁:是指实质上转移了与租赁资产有关的全部风险和报酬的租赁,其所有权最终可能转移也可能不转移。其特点如下:租赁期较长(一般可达到租赁资产可使用年限75%);租约一般不能取消;支付的租金包括设备的价款、租赁费和借款利息等;租赁期满,承租人有优先选择廉价购买租赁资产的权利。也就是说在融资租赁方式下,与租赁资产有关的主要风险和报酬已由出租人转归承租人,承租人视同自有资产进行业务核算。

(2)经营租赁:是指实质上没有转移与租赁资产有关的全部风险和报酬的租赁。承租方只有使用权没有所有权,只进行租金支付的业务核算。

## 六、重要性

重要性原则要求企业提供的会计信息应当反映与企业财务状况、经营成果和现金流量等有关的所有重要交易或者事项。对于重要的交易或事项,应当单独、详细反映;对于不具重要性、不会导致投资者等有关各方决策失误或误解的交易或事项,可以合并、粗略反映,以节省提供会计信息的成本。

对资产、负债、损益等有较大影响,并进而影响财务会计报告使用者据以做出合理判断的重要会计事项,必须按照规定的会计方法和程序进行处理,并在财务会计报告中予以充分、准确地披露;对于次要的会计事项,在不影响会计信息真实性和不至于误导财务会计报告使用者做出正确判断的前提下,可以适当简化处理,从而降低会计信息成本。重要性的判断很大程度上取决于会计人员的职业判断,应根据其所处的环境和实际情况,从质和量两个方面综合进行分析。

## 七、谨慎性

谨慎性原则要求企业对交易或者事项进行会计确认、计量和报告应当保持应有的谨慎,不应高估资产或者收益、低估负债或者费用。

企业的经营活动充满着风险和不确定性,在会计核算工作中坚持谨慎性原则,要求企业在面临不确定因素的情况下做出职业判断时,应当保持必要的谨慎,充分估计到各种风险和损失,既不高估资产或收益,也不低估负债或费用。例如,各种资产坏账准备、跌价准备和减值准备的计提就充分体现了谨慎性原则。

需要注意的是,谨慎性原则并不允许企业任意设置各种秘密准备,如果企业故意低估资产或者收益,或者故意高估负债或者费用,通过各种资产坏账准备、跌价准备和减值准备的计提与转回随意调节会计损益,掩盖企业真实的财务状况和经营成果,就会误导会计信息使用者,使其做出错误的决策。

## 八、及时性

及时性原则要求企业对于已经发生的交易或者事项,应当及时进行会计确认、计量和报告,不得提前或者延后。

会计信息的价值在于帮助企业或其他方面做出经营决策,具有时效性。即使是客观、可比、相关的会计信息,如果不及时提供,对于会计信息使用者也没有任何意义,甚至可能误导会计信息使用者。在会计核算过程中坚持及时性原则,就是要求在证—账—表的各个环节按照会计制度规定的时限要求,及时收集会计信息、及时处理会计信息,及时传递会计信息给会计信息的使用者。

【课后思考】

1. 什么是会计?会计基本职能有哪些?
2. 会计的核算对象是什么?
3. 会计的核算方法有哪些?
4. 会计核算的前提及核算基础有哪些?
5. 会计的信息质量要求有哪些?

项目二

# 认识会计要素与会计等式

【学习目标】
1. 掌握经济业务内容涉及的六大要素;
2. 认知会计要素,理解它们之间的经济、数量关系;
3. 掌握会计等式的内涵。

【引导案例】
小李和小王大学毕业后回家乡创业,两人合作创办一家农资超市,经过测算大约需要50万元启动资金,试问这50万元启动资金怎么筹资?

## 任务一 认识会计要素

会计要素是对会计对象基本的分类,是会计对象的具体化。会计要素是财务报表项目的基本框架,也是会计账户记录的具体内容。

我国颁发的《企业会计准则》将会计对象具体划分为资产、负债、所有者权益、收入、费用和利润六个会计要素。这六大要素可以划分为反映财务状况的静态的会计要素:资产、负债、所有者权益;反映经营成果的动态的会计要素:收入、费用、利润。如图2-1所示。

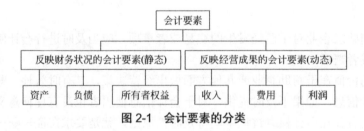

图 2-1 会计要素的分类

### 一、资产

#### (一)资产的概念

资产是指企业过去的交易或者事项形成的、由企业拥有或者控制的、预期会给企业带来经济利益的资源。

#### (二)资产的特征

(1)资产由过去的交易或事项形成。说明交易或事项确实已经发生过,是过去式,而还未发生的我们就不能将它确认为资产。

（2）资产是由企业拥有或者控制。只要被企业拥有或控制的资源都是企业的资产。比如放在企业租赁的仓库中的货物，这些货物虽然不在本企业存放，但被企业拥有，属于企业的资产。再如企业融资租赁的固定资产，虽然所有权不属于企业，但被企业长期控制其使用权，按照实质重于形式的原则，在会计核算中也作为本企业的资产进行核算。

（3）资产是一种预期会给企业带来经济利益的资源。即使满足前两个特征，由过去的交易或事项形成、被企业拥有或控制，也必须是能给企业带来经济利益流入的资源才能称之为资产。比如企业已经报废不能用的机器设备等就不能再作为资产进行核算。符合资产定义的同时，满足以下条件：该资源的成本或者价值能够以货币计量。像人力资源也满足资产的定义，也是一种资源，但不能以货币计量，就不能称之为企业的资产。

### （三）资产的分类

M2-1 资产及分类

资产按其流动性可以分为流动资产和非流动资产，也就是按是否容易变现或耗用进行区分。

（1）流动资产是指可以在1年内或1个营业周期内变现或耗用的资产，非流动资产是指超过1年或1个营业周期才能变现或耗用的资产，包括货币资金、交易性金融资产、应收及预付款项、存货。

货币资金包括库存现金、银行存款、其他货币资金。

交易性金融资产包括短期债券投资、短期股权投资、短期基金投资。

应收及预付款项包括应收票据、应收账款、预付账款、其他应收款。

存货包括商品、产成品、半成品、在产品、原材料等。

（2）非流动资产的变现能力较差或者不容易损耗，具体包括固定资产、长期股权投资、无形资产、其他非流动资产。

固定资产指一些单位价值量较大且实物形态不容易发生变化，可供企业长期使用的资产，如房屋、建筑物、机器、设备。

长期股权投资相对于短期股权投资，指投资期在1年以上的股权投资。

无形资产是企业长期使用而没有实物形态的资产，包括专利权、商标权、非专利技术、著作权、土地使用权等。

其他非流动资产是指除以上各项以外的资产，如长期待摊费用。长期待摊费用，是指企业已经支出，但摊销期限在1年以上（不含1年）的各项费用，包括固定资产大修理支出、租入固定资产的改良支出等。

资产的主要内容如图2-2所示。

## 二、负债

### （一）负债的概念

负债是指过去的交易或事项形成的、预期会导致经济利益流出企业的现时义务。是过去的交易、事项形成的现时义务，履行该义务预期会导致经济利益流出企业。

### （二）负债的特征

按照《企业会计制度》的规定，作为负债，一般应

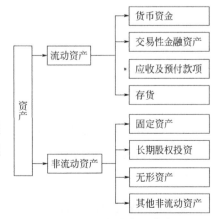

图2-2 资产的主要内容

同时具有以下基本特征：

（1）负债是企业过去的交易或事项所形成的结果，是已经实际发生的。

（2）是企业现在承担的偿债的经济义务或者责任。

（3）负债的清偿预期会导致企业经济利益的流出。

M2-2 负债及分类

### （三）负债的分类

企业的负债按其流动性或偿还期的长短，分为流动负债和非流动负债。

（1）流动负债是指在一年或超过一年的一个营业周期内偿还的债务，包括短期借款、应付及预收款项。应付及预收款项包括应付票据、应付账款、预收账款、应付职工薪酬、应付股利、应交税费、其他应付款项等。其中：

短期借款：为维持正常生产经营周转且偿还期在一年以内的各种借款。

应付票据：因商业信用产生，须于约定日支付一定金额给持票人的书面证明。

应付款项：指因赊购货物或接受劳务等原因而发生尚未支付的、预收的或应付的款项。包括应付账款、预收账款、其他应付款和应付股利等。

应付职工薪酬：企业应支付给职工的各种薪酬。包括工资、福利费等。

应交税费：企业按照税法规定应缴纳的各种税费。包括增值税、消费税、所得税等。

（2）非流动负债是指偿还期限在 1 年以上或超过 1 年的 1 个营业周期以上的债务，包括长期借款、应付债券、长期应付款等。

长期借款是指企业从银行或者其他金融机构借入的期限在 1 年以上的各项贷款。

应付债券是指企业为筹集长期资金而发行的有价证券。

长期应付款是指除长期借款和债券以外的其他各种长期应付款项，包括以分期付款购入资产的应付账款和融资租赁租入固定资产的租赁费。

负债的主要内容如图 2-3 所示。

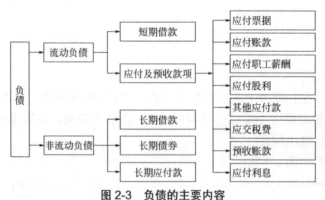

图 2-3　负债的主要内容

### 三、所有者权益

#### （一）所有者权益的概念

所有者权益是指企业资产扣除负债后由所有者享有的剩余权益，又称为净资产、股东权益。其数额为资产减去负债后的余额，包括投资人对企业投入的资本以及在经营中形成的盈余。

#### （二）所有者权益的特征

相对负债而言，所有者权益具有以下特征：

（1）无偿还期。所有者权益不像负债那样需要到期偿还，除非企业减资、清算，企业不需要偿还其所有者的投资。

（2）对企业的要求权位于负债之后。企业破产清算时，负债优先清偿。

（3）可分享企业利润。所有者凭借所拥有的所有者权益能够分享利润，而债权人则不能参与利润的分配。

### （三）所有者权益的分类

所有者权益按其形成方式不同可分为实收资本（或股本）、资本公积、盈余公积和未分配利润。

实收资本是指投资者按照企业章程或合同、协议的约定，实际投入企业的资本。

资本公积是指投资者或其他人投入到企业，所有权归属于投资者并且金额超过法定资本部分的资本或者资产。包括资本（或股本）溢价、法定财产重估增值、接受捐赠的资产价值等。只能用于转增资本，不能用于弥补亏损。

盈余公积是指按国家有关规定从利润中提取的各种公积金。可弥补亏损可转增资本，不得向投资人分配利润。

未分配利润是企业留于以后年度分配的利润或待分配的利润。

所有者权益的主要内容如图 2-4 所示。

M2-3 所有者权益及分类

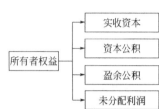
图 2-4 所有者权益的主要内容

【想一想】

负债和所有者权益有哪些区别？（解析见表 2-1）

表 2-1 负债和所有者权益的区别

|  | 偿还 | 享有权益 | 求偿权 |
| --- | --- | --- | --- |
| 负债 | 是 | 按期收回本息 | 优先求偿权 |
| 所有者权益 | 否 | 参与利润分配和企业经营管理 | 无 |

## 四、收入

### （一）收入的概念

收入是指企业在日常活动中形成的、会导致所有者权益增加的、与所有者投入资本无关的经济利益的总流入。

### （二）收入的特征

作为会计要素的收入具有如下的特征：

（1）收入是从日常经营活动中产生的，而不是偶发交易或事项中产生的。如违约金、罚款所得不能作为收入。

（2）收入的取得会导致经济利益的流入（最终导致所有者权益的增加）。

（3）收入不包括为第三方或客户代收的款项，如代收的销项税额、代收利息等。

收入的取得可能表现为企业资产的增加或负债的减少，或者资产增加和负债减少两者兼而有之，最终将导致企业所有者权益的增加。

### （三）收入的分类

按照企业经营业务的主次分类，可以把收入分为主营业务收入和其他业务收入。

M2-4 收入及分类

主营业务收入，也称基本业务收入，是指企业从事主要经营活动取得的收入。如在工业企业主要是销售产成品、自制半成品等取得的收入；商业企业主要是销售商品取得的收入。

其他业务收入，是指企业从事主营业务以外的经营活动所取得的收入。如销售材料、出租固定资产和包装物、转让无形资产等取得的收入。

收入的主要内容如图 2-5 所示。

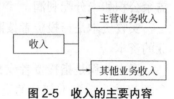

图 2-5 收入的主要内容

## 五、费用

### （一）费用的概念

费用是指企业在日常活动中发生的、会导致所有者权益减少的、与向所有者分配利润无关的经济利益的总流出。

### （二）费用的特征

费用的概念表明费用具有以下特征：

（1）费用是在企业日常活动中形成，而不是从偶然发生的事项中形成。如自然灾害造成的损失不能算做费用。

（2）费用是与向所有者分配利润无关的经济利益的总流出。费用使企业经济利益减少，其形成往往表现为资产流出、资产折耗，或是发生负债。

（3）费用最终会导致所有者权益的减少。费用与收入正好相反，收入是资金流入企业形成的，会增加企业的所有者权益；而费用则是企业资金的支出，会减少企业的所有者权益。

### （三）费用的分类

我们把费用分为应计入产品成本的费用和计入损益的费用。

M2-5 费用及分类

（1）计入成本的费用按计入方式可分为直接费用和间接费用。

直接费用，是指直接为生产产品或提供劳务而发生的费用。包括直接材料、直接人工和其他直接费用。直接费用直接计入生产成本。

间接费用，是指制造费用。企业各生产单位（分厂、车间）为组织和管理生产所发生的共同费用。如生产车间为组织和管理生产发生的各项费用，包括车间管理人员的工资、车间固定资产的折旧费等。间接费用分配计入生产成本。

（2）不应计入产品成本的费用，是在当期发生的，不能计入产品成本而应从本期营业收入中扣减的各项费用，我们把其称为期间费用，包括管理费用、财务费用、销售费用。

管理费用：指企业行政管理部门为组织和管理生产经营活动而发生的各项费用，包括管理人员工资、差旅费、办公费等。

财务费用：指为筹集资金而发生的各项费用，如借款利息。
销售费用：指为销售产品而发生的各项费用，如广告费、宣传费。
费用的主要内容如图 2-6 所示。

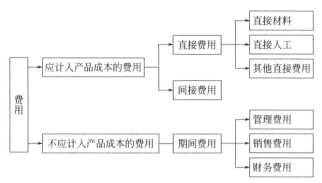

图 2-6 费用的主要内容

## 六、利润

### （一）利润的概念

利润是企业在一定会计期间的经营成果，它是收入扣减费用后的差额。在一个会计年度，企业的收入超过费用，表示实现利润；反之，则表示发生亏损。

M2-6 利润及构成

### （二）利润的特征

（1）利润是收入和费用两个会计要素配比的结果。当某一会计期间的收入大于费用时，表现为企业利润，反之则表现为企业亏损。

（2）利润的形成导致所有者权益的增加，亏损的发生则造成所有者权益的减少。

### （三）利润的构成

企业利润包括营业利润、利润总额和净利润三种。

营业利润 = 营业收入 − 营业成本 − 期间费用 − 税金及附加 − 资产减值损失 + 公允价值变动收益 + 投资收益

营业收入 = 主营业务收入 + 其他业务收入

营业成本 = 主营业务成本 + 其他业务成本

利润总额 = 营业利润 + 营业外收入 − 营业外支出

净利润 = 利润总额 − 所得税

利润的构成如图 2-7 所示。

图 2-7 利润的构成

# 任务二　认识会计等式

会计等式，也称会计平衡公式，或会计恒等式。它是运用数学方程的原理描述会计要素之间数量关系的表达式。会计等式是企业资金运动规律的具体化表现，它不仅揭示了会计要素之间的关系，也是设置账户、复式记账和编制会计报表的理论基础。包括会计基本等式、动态会计等式、综合会计等式。

## 一、会计基本等式（静态会计等式）

会计基本等式，也称为静态会计等式。通过以往知识的学习，我们已经知道企业资产的来源由两个渠道构成，一部分是借入资金，另一部分是投资人投入的资金。由债权人提供的借款或应付账款等形成的，叫做债权人权益，简称负债，是企业的债务。由所有者的投资等形成，叫做所有者权益，除企业停止经营外，不需要企业偿还。我们把债权人享有的权益和所有者享有的权益统称为权益。从数量上看，一个企业所拥有的资产总额必然等于权益总额（如图2-8所示）：

$$资产 = 权益$$

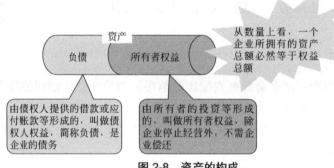

图 2-8　资产的构成

这就是由静态会计要素——资产、负债、所有者权益组合而成的反映企业一定时点的财务状况的等式：

$$资产 = 负债 + 所有者权益$$

即为会计基本等式。

第一，基本会计等式体现了同一资金的两个不同侧面：资金存在形态与资金来源渠道；

第二，以货币计量时，会计等式双方数额相等；

第三，资产会随负债、所有者权益增减而成正方向变化：

资产会随着负债、所有者权益的增加而增加，

资产会随着负债、所有者权益的减少而减少。

资产 = 负债 + 所有者权益，该等式表明了某一会计主体在某一特定时间点所拥有的资产权属关系，反映某一时点的财务状况，体现于资产负债表中。所以也被称之为静态会计等式。是设置账户、复式记账及编制会计报表等会计核算方法建立的理论依据。在会计核算中有着非常重要的地位。

## 二、会计基本等式的扩展（动态会计等式）

会计基本等式的扩展，又称动态会计等式，是指由反映企业资金动态运动的会计要素组合而形成的反映企业一定会计期间经营成果的等式。企业在生产经营过程中取得一定的收入，并发生相关的费用，收入与其相关的费用配比后的结果就是利润。即收入－费用＝利润，企业的目的在于尽可能追求利润。如图 2-9 所示。

**图 2-9　动态会计等式**

动态会计等式揭示了在某一特定期间内，企业收入、费用、利润之间的相互关系：

第一，利润是实现的收入减去相关费用以后的差额。收入大于费用时为利润；收入小于费用时为亏损。

第二，利润会随着收入的增减成正方向变化。利润随着收入的增加而增加，利润随着收入的减少而减少。

第三，利润会随着费用的增减成反方向变化。利润随费用的增加而减少，利润随费用的减少而增加。

收入、费用、利润构成的动态会计等式是企业编制利润表的要素。

## 三、综合（扩展）会计等式

综合会计等式，也称为扩展会计等式。综合会计等式是由会计六要素——资产、负债、所有者权益、收入、费用、利润组合而成的，是以上两个会计等式综合而成的，是全面完整地反映企业财务状况和经营成果的等式。是设置账户、复式记账的理论基础。其表达式有：

$$资产 = 负债 + 所有者权益 + 收入 - 费用$$
$$资产 = 负债 + 所有者权益 + 利润$$
$$资产 + 费用 = 负债 + 所有者权益 + 收入$$

扩展会计等式的形成（如图 2-10 所示）：

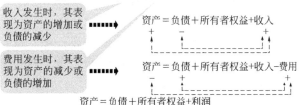

**图 2-10　扩展会计等式的形成**

月初：尚未发生收入和费用，会计要素的关系表现为：资产＝负债＋所有者权益

月中，随着业务的发生：企业发生了收入和费用。收入发生时，其表现为资产的增加或负债的减少。费用发生时，其表现为资产的减少或负债的增加，形成资产＝负债＋所有者权益＋收入－费用，通过移项得到资产＋费用＝负债＋所有者权益＋收入。

月末：本期发生的收入和费用结转利润，利润可增加所有者权益，会计要素关系又变形为静态会计等式：资产＝负债＋所有者权益

扩展会计等式对六项会计要素之间的内在经济关系所作的全面综合表达，表示了企业在生产经营过程中的增值情况：

第一，资金两个不同侧面的扩展：资金存在形态与资金来源渠道。

第二，等式双方是在数量增加基础上的新的相等。

第三，企业的经营成果反映企业特定期间净资产变动的情况，并且经营成果最终要影响到企业的财务状况。一般来说，收入总会导致资产的增加或负债的减少，费用的发生会相应消耗企业的资产或增加企业的负债；收入和费用抵减的净结果，都应归所有者来承担，无论是盈利还是亏损。

### 四、经济业务的类型及其对会计恒等式的影响

通过会计等式的学习会发现，随着经济业务的不断发生，如购进材料、支付费用、销售产品等都会引起资产和负债及所有者权益的变化，但是，无论在哪一个时点上，哪一项经济业务的发生，都不会破坏资产和负债及所有者权益之间的恒等关系。

下面举例通过一些业务来验证这种平衡关系。

【例 2-1】某公司资产为 1 000 万元，负债 300 万元，所有者权益 700 万元，企业收到投资 10 万元，已存入银行。

解析：资产＝负债＋所有者权益

1 000+10=300+（700+10）

1 010=300+710

银行存款增加，实收资本增加（资产和所有者权益同时增加）。

【例 2-2】以银行存款偿还短期借款 5 万元。

解析：银行存款减少，短期借款减少（资产和负债同时减少）。

【例 2-3】企业银行存款 3 万元购买原材料。

解析：银行存款减少，原材料增加（资产内部一增一减）。

【例 2-4】企业向银行借入短期借款 10 万元，归还前应付账款。

解析：短期借款增加，应付账款减少（负债内部一增一减）。

【例 2-5】企业将资本公积 20 万元转增实收资本。

解析：实收资本增加，资本公积减少（所有者权益内部一增一减）。

按照经济业务对会计等式的不同影响，可以将经济业务分为四种基本类型。

### （一）资产和权益同时增加，增加金额相等

即经济业务的发生引起等式两边会计要素等额增加，这一类型的会计事项又包括两种：

① 资产与负债同时增加。

② 资产与所有者权益同时增加。

## （二）资产和权益同时减少，减少金额相等

即经济业务的发生引起等式两边会计要素等额减少，这一类型的会计事项又包括两种：
① 资产与负债同时减少。
② 资产与所有者权益同时减少。

## （三）资产内部有增有减，增减金额相等

即经济业务的发生引起等式左边会计要素此增彼减，增减金额相等。

## （四）权益内部有增有减，增减金额相等

即经济业务引起等式右边会计要素此增彼减，增减金额相等，这一类型的会计事项包括四种：
① 负债之间此增彼减。
② 所有者权益之间此增彼减。
③ 负债增加，所有者权益减少。
④ 所有者权益增加，负债减少。

上述的举例证明了任何一项经济业务发生，都至少会引起两个或两个以上的会计要素项目增减变动，但所有变动的结果不会破坏会计等式的平衡关系，具体的，可以将经济业务的发生对资产、负债、所有者权益的影响归结为九大类型。如图 2-11 所示。

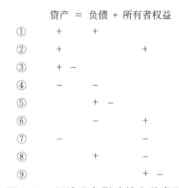

图 2-11　经济业务影响的九种类型

任何经济业务的发生都不会破坏会计等式的平衡关系，这一平衡原理，是设置账户、复式记账、编制会计报表的理论依据。

## 【课后思考】

1. 什么是会计要素？会计要素包括哪些内容？
2. 会计六要素各自的特征是什么？
3. 什么是会计等式？
4. 经济业务有哪几种类型？
5. 经济业务的变化为什么不会影响会计等式的平衡关系？

## 项目三

# 设置账户与复式记账

【学习目标】
1. 掌握会计科目的概念和分类；
2. 掌握会计账户的概念和基本结构；
3. 理解会计科目和会计账户的关系；
4. 掌握借贷法的原理和基本内容；
5. 能够运用借贷记账法登记账户和编制会计分录；
6. 能够运用试算平衡原理编制试算平衡表。

【引导案例】
小张开了一家食品厂，5日购进白糖1 000千克，金额5 000元，开出转账支票一张付讫。这项业务发生后单位会计只登记了银行存款减少5 000元，并没有进行其他记录。请问会计的这种记账方法正确吗？

## 任务一　会计科目的设置

### 一、会计科目的概念

会计科目是指对会计对象的具体内容在会计要素分类的基础上进一步分类的项目，是会计账户的名称。企业的经济活动是具体复杂的，要准确记录和核算企业的经济业务，仅仅将会计核算对象划分为六大会计要素是远远不够的，例如：库存商品和固定资产都属于资产，但它们的经济用途和周转方式各不相同；应付账款和长期借款都属于负债，但它们形成的原因和偿还期限也各不相同。因此，我们有必要对六大会计要素做进一步分类，这种分类的项目就是会计科目。例如：将资产要素进一步划分为库存现金、银行存款、其他货币资金、应收账款等项目，就形成了资产类的会计科目。同样，将负债要素进一步划分为短期借款、应付账款、应付职工薪酬、应交税费、长期借款等项目就形成了负债类的会计科目，其他要素以此类推。

通过设置会计科目，对会计要素的具体内容进行科学分类，可以为会计信息的使用者提供科学的、详细的分类指标体系，对统一核算指标口径、提供有用的会计核算资料具有十分重要的意义。

## 二、设置会计科目的原则

会计科目的设置应符合会计核算的一般原则及会计核算工作的基本要求,以保证会计信息的质量。设置会计科目时应遵循以下原则。

**1. 合法性原则**

在我国,会计科目必须根据企业会计准则,并按照财政部制定的国家统一会计制度的要求设置和使用。为了保证会计信息的可比性,企业所设置的会计科目应当符合国家统一会计制度的规定,按照《企业会计准则》的规定设置会计科目。

**2. 相关性原则**

会计科目应为提供有关各方所需要的会计信息服务,满足各方会计信息使用者的决策需要而设置。不同会计主体经济管理的要求不同,同一会计主体内部经济管理的要求与外部有关方面对会计信息的要求也不相同,这就要求在设置会计科目时,既要符合不同会计主体经济管理的要求,又要兼顾会计主体内部和外部两方面对会计信息的需要。

**3. 适用性原则**

企业的组织形式、所处行业、规模大小、经营内容及业务种类等各不相同,对会计科目的需求也就不同。因此,在合法性的基础上,应将统一性和灵活性相结合,根据企业生产经营活动的特点和经济管理的要求,在设置会计科目时选择适合本企业实际需要的会计科目。

**4. 稳定性原则**

为了便于会计核算资料的综合汇总和对比分析,会计科目的名称、核算内容应保持相对稳定,不能随意变更。

**5. 明晰性原则**

设置会计科目应当简明扼要、通俗易懂、便于理解和使用。对每一个会计科目所核算的范围和内容必须有明确的界定,名称要与其核算的内容一致,具有概括性并能通俗明了地表明所核算的内容。

> 【小贴士】
> 我国的《企业会计准则——应用指南》中的会计科目基本涵盖了各类企业的交易和事项。企业在不违反《企业会计准则》中确认、计量和报告规定的前提下,可以根据本单位的实际情况自行增设、分拆、合并会计科目;企业不存在的交易或事项,可以不设置相关会计科目;会计科目编号供企业填制会计凭证、登记会计账簿、查阅会计账目、采用财务软件系统时参考,企业可以结合实际情况确定会计科目编号。

## 三、会计科目分类

为了正确设置会计科目,使记账工作正常进行,就需要对会计科目进行分类。会计科目的分类标准一般有两种。

**1. 会计科目按经济内容分类**

按照国家财政部 2006 年 10 月颁布的《企业会计准则——应用指南》的规定,会计科目按其反映的经济内容不同,可分为资产类、负债类、共同类、所有者权益类、成本类和损益类六大类。具体内容如表 3-1 所示。

M3-1 会计科目

表 3-1　会计科目表

| 顺序 | 编号 | 会计科目名称 | 顺序 | 编号 | 会计科目名称 |
|---|---|---|---|---|---|
| | | 一、资产类 | 37 | 1606 | 固定资产清理 |
| 1 | 1001 | 库存现金 | 38 | 1701 | 无形资产 |
| 2 | 1002 | 银行存款 | 39 | 1702 | 累计摊销 |
| 3 | 1012 | 其他货币资金 | 40 | 1703 | 无形资产减值准备 |
| 4 | 1101 | 交易性金融资产 | 41 | 1711 | 商誉 |
| 5 | 1121 | 应收票据 | 42 | 1801 | 长期待摊费用 |
| 6 | 1122 | 应收账款 | 43 | 1811 | 递延所得税资产 |
| 7 | 1123 | 预付账款 | 44 | 1901 | 待处理财产损溢 |
| 8 | 1131 | 应收股利 | | | 二、负债类 |
| 9 | 1132 | 应收利息 | 45 | 2001 | 短期借款 |
| 10 | 1221 | 其他应收款 | 46 | 2101 | 交易性金融负债 |
| 11 | 1231 | 坏账准备 | 47 | 2201 | 应付票据 |
| 12 | 1321 | 代理业务资产 | 48 | 2202 | 应付账款 |
| 13 | 1401 | 材料采购 | 49 | 2203 | 预收账款 |
| 14 | 1402 | 在途物资 | 50 | 2211 | 应付职工薪酬 |
| 15 | 1403 | 原材料 | 51 | 2221 | 应交税费 |
| 16 | 1404 | 材料成本差异 | 52 | 2231 | 应付利息 |
| 17 | 1405 | 库存商品 | 53 | 2232 | 应付股利 |
| 18 | 1406 | 发出商品 | 54 | 2241 | 其他应付款 |
| 19 | 1407 | 商品进销差价 | 55 | 2314 | 代理业务负债 |
| 20 | 1408 | 委托加工物资 | 56 | 2401 | 递延收益 |
| 21 | 1411 | 周转材料 | 57 | 2501 | 长期借款 |
| 22 | 1461 | 融资租赁资产 | 58 | 2502 | 应付债券 |
| 23 | 1471 | 存货跌价准备 | 59 | 2701 | 长期应付款 |
| 24 | 1501 | 持有至到期投资 | 60 | 2702 | 未确认融资费用 |
| 25 | 1502 | 持有至到期投资减值准备 | 61 | 2711 | 专项应付款 |
| 26 | 1503 | 可供出售金额资产 | 62 | 2801 | 预计负债 |
| 27 | 1511 | 长期股权投资 | 63 | 2901 | 递延所得税负债 |
| 28 | 1512 | 长期股权投资减值准备 | | | 三、共同类 |
| 29 | 1521 | 投资性房地产 | 64 | 3101 | 衍生工具 |
| 30 | 1531 | 长期应收款 | 65 | 3201 | 套期工具 |
| 31 | 1532 | 未实现融资收益 | 66 | 3202 | 被套期项目 |
| 32 | 1601 | 固定资产 | | | 四、所有者权益类 |
| 33 | 1602 | 累计折旧 | 67 | 4001 | 实收资本 |
| 34 | 1603 | 固定资产减值准备 | 68 | 4002 | 资本公积 |
| 35 | 1604 | 在建工程 | 69 | 4101 | 盈余公积 |
| 36 | 1605 | 工程物资 | 70 | 4103 | 本年利润 |

续表

| 顺序 | 编号 | 会计科目名称 | 顺序 | 编号 | 会计科目名称 |
|---|---|---|---|---|---|
| 71 | 4104 | 利润分配 | 81 | 6301 | 营业外收入 |
| 72 | 4201 | 库存股 | 82 | 6401 | 主营业务成本 |
| | | 五、成本类 | 83 | 6402 | 其他业务成本 |
| 73 | 5001 | 生产成本 | 84 | 6405 | 税金及附加 |
| 74 | 5101 | 制造费用 | 85 | 6601 | 销售费用 |
| 75 | 5201 | 劳务成本 | 86 | 6602 | 管理费用 |
| 76 | 5301 | 研发支出 | 87 | 6603 | 财务费用 |
| | | 六、损益类 | 88 | 6701 | 资产减值损失 |
| 77 | 6001 | 主营业务收入 | 89 | 6711 | 营业外支出 |
| 78 | 6051 | 其他业务收入 | 90 | 6801 | 所得税费用 |
| 79 | 6101 | 公允价值变动损益 | 91 | 6901 | 以前年度损益调整 |
| 80 | 6111 | 投资收益 | | | |

为了便于会计核算工作的顺利进行，尤其是适应会计电算化的要求，一般在其分类基础上编制成会计科目表，将所使用的全部会计科目列于其中，并对每一会计科目加以编号。我国会计制度规定对会计科目的编号一般采用"四位数编号法"：如"1"为资产类会计科目，"2"为负债类会计科目，"3"为共同类会计科目，"4"为所有者权益类会计科目，"5"为成本类会计科目，"6"为损益类会计科目。为了便于会计科目增减，在编号时，要注意留有空号。

**2. 会计科目按提供指标的详细程度分类**

会计科目按其提供会计指标的详细程度不同，可分为以下两类。

（1）总分类科目。也称一级科目或总账科目，是对会计要素具体内容进行总括分类，提供总括核算指标的会计科目，是由财政部统一指定的。如表3-1会计科目表中所列的会计科目都是总分类科目。

（2）明细分类科目。是对总分类科目进一步分类、提供更详细、具体核算指标的会计科目。明细分类科目，一般是企业根据实际情况自行设定的，是对总分类科目的内容再进行详细分类的科目，明细分类科目可以分设多级，即可以在总分类科目下设置二级明细科目、三级明细科目以及更多的级次，二级明细科目又称子目，三级以及更细的明细科目称细目。级次越多内容越详细具体，不过，一般来讲，企业里的明细科目设置到四到五级也就足够了。

下面以"原材料""库存商品"为例，来说明总分类科目与明细分类科目之间的相互关系，如表3-2所示。

总分类科目和明细分类科目的关系：总分类账户是所属明细分类账户的综合，对所属明细分类账户起着统驭、控制的作用；明细分类账户是其所属总分类账户的具体化，对其所属总分类账户起着补充说明的作用，二者结合起来就能既概括又详细地反映同一经济业务的核算内容。

我国企业会计制度规定，总分类科目由财政部统一制定，明细分类科目除会计制度规定设置的以外，企业可根据会计核算和管理的实际需要自行设置。

表 3-2  总分类科目与明细分类科目的关系

| 总分类科目 | 明细分类科目 | |
| :---: | :---: | :---: |
| （一级科目） | 二级科目（子目） | 三级科目（细目） |
| 原材料 | 主要材料 | A 材料 |
| | | B 材料 |
| | 辅助材料 | 油漆 |
| | | 润滑油 |
| 库存商品 | 白酒 | 五粮液 |
| | | 茅台酒 |
| | 服装 | 西装 |
| | | 运动服 |

# 任务二　账户的设置

## 一、账户的结构

### （一）设置账户的必要性

会计科目只是规定了对会计要素具体内容进行分类核算的项目或名称，还不能进行具体的会计核算，不能反映经济业务发生所引起的会计要素各项目的增减变动情况和结果。为了全面、系统、连续、序时地记录由于经济业务发生而引起的会计要素增减变动，提供各种会计信息，还必须根据规定的会计科目在账簿中开设账户。

账户是根据会计科目设置的，具有一定格式和结构，用于分类记录和计算会计要素增减变动情况及其结果的一种载体。每个账户都有一个名称，在账簿中拥有一定的账页，具有规定的账页格式。

【知识扩展】

实际工作中，账户要依附于账簿开设，每一个账户表现为账簿中的某张或某些账页。另外，由于总分类账户提供的是总括核算指标，因而一般用货币计量；明细分类账户提供的是明细分类核算指标，因而除用货币计量外，还有的用实物计量（件、千克等）。

### （二）账户的基本结构

不同的会计主体，经济业务的数量和种类不尽相同，对会计要素的影响也各不相同，但从数量变动上看，经济业务对会计要素的影响不外乎是"增加"和"减少"两种情况，因此，账户结构也就相应分为左、右两个方向，一方登记增加数，另一方登记减少数。同时，为了反映其增减变化的结果，账户还需要设置反映结余数的部分。这样，账户的基本结构就由"增加栏""减少栏"和"余额栏"三部分构成。

账户格式多种多样，采用不同的记账方法，账户结构就不同。即使采用同一种记账方法，如果账户性质不同，其结构也是不同的。但是不论采用何种记账方法，也无论具有何种性质，账户的基本结构总是相同的。一般来说，一个完整的账户结构应包括下列内容。

（1）账户名称（即会计科目）；
（2）日期（用以记录经济业务发生的日期）；
（3）凭证编号（表明账户记录所依据的凭证）；
（4）经济业务摘要（概括说明经济业务的内容）；
（5）金额（包括增加额、减少额和余额）。

M3-2 会计账户

账户一般格式如表 3-3 所示。

表 3-3 账户名称（会计科目）

| 年 | | 凭证编号 | 摘要 | 增加金额 | 减少金额 | 余额 |
| --- | --- | --- | --- | --- | --- | --- |
| 月 | 日 | | | | | |
| | | | | | | |
| | | | | | | |
| | | | | | | |
| | | | | | | |

为便于说明问题，可将账户的核心部分简化为"T"字形，只保留左右两方，其他略去，将余额写在下方，其简化式账户结构如图 3-1 所示。

图 3-1 简化式账户结构

账户的左方和右方分别记录增加额和减少额。每个账户一般有四个金额要素：期初余额、本期增加发生额、本期减少发生额和期末余额。本期增加发生额和本期减少发生额是指在一定的会计期间内，账户在左右两方分别登记的增加额合计和减少额合计。每个账户的本期发生额反映的是该类经济业务内容在本期内变动的情况，而余额则反映变动的结果。如果将本期的期末余额转入下一期，就是下一期的期初余额。正常情况下，账户四项金额要素的基本关系可以用下列等式来表示：

$$期末余额 = 期初余额 + 本期增加发生额 - 本期减少发生额$$

账户的左右两方是按相反方向来记录增加额和减少额的，也就是说，如果在账户左方记录增加额，则在账户右方记录减少额；反之，如果在账户右方记录增加额，则在账户左方记录减少额。在每一个具体账户的左右两方中，究竟哪一方记录增加额，哪一方记录减少额，取决于所采用的记账方法和账户的类别和结构。

> 【小贴士】
> 账户的余额一般与账户增加额在同一方向。

## 二、账户的分类

### （一）账户按所反映的经济内容分类

账户的设置与会计科目的分类密切相关，即根据总分类科目开设总分类账户，根据明细分类科目开设明细分类账户。同会计科目的分类相对应，根据账户所反映的经济内容不同，账户可分为资产类账户、负债类账户、共同类账户、所有者权益类账户、成本类账户和损益类账户六大类。

#### 1. 资产类账户

资产类账户是指用来核算和监督企业各种资产增减变动及其结存情况的账户。按照资产的流动性，又可分为流动资产类账户和非流动资产类账户。例如："库存现金""原材料""周转材料"等账户就属于流动资产类账户；"长期股权投资""固定资产""无形资产""长期待摊费用"等账户就属于非流动资产类账户。

#### 2. 负债类账户

负债类账户是用来核算和监督企业各种负债的增减变动及其结存情况的账户。按负债偿还期限的长短不同，又可分为流动负债类账户和长期负债类账户。例如："短期借款""应付账款""应交税费"等账户就属于流动负债类账户；"长期借款""应付债券""长期应付款"等账户就属于长期负债类账户。

#### 3. 共同类账户

共同类账户是用来核算和监督企业衍生工具及开展套期保值业务套期工具、被套期项目公允价值变动形成的资产或负债账户。例如，"衍生工具""套期工具""被套期项目"等账户。

#### 4. 所有者权益类账户

所有者权益类账户是用来核算和监督所有者权益增减变动及其结存情况的账户。例如，"实收资本""资本公积""盈余公积""本年利润"等账户。

#### 5. 成本类账户

成本类账户是用来反映企业生产经营过程中各成本计算对象的费用归集，成本计算情况的账户。例如："生产成本""制造费用""劳务成本"等账户。

#### 6. 损益类账户

损益类账户是用来反映企业应直接计入当期损益的各项收入和费用的账户。例如："主营业务收入""其他业务收入""营业外收入""管理费用""销售费用"等账户。

### （二）账户按提供指标的详细程度分类

由于账户是根据会计科目设置的，同会计科目的分类相对应，账户也分为总分类账户和明细分类账户。

#### 1. 总分类账户

总分类账户是指根据总分类科目设置的，用于对会计要素具体内容进行总括分类核算的账户，简称总账账户或一级账户。例如，"库存现金""银行存款""固定资产"等都是总分类账户。

### 2. 明细分类账户

明细分类账户是指根据明细分类科目设置的，用于对会计要素具体内容进行明细分类核算的账户，简称明细账户或二级、三级账户。例如，"应收账款"账户下设的"A 公司"和"B 公司"；"应付职工薪酬"账户下设的"工资"和"职工福利"等都是明细分类账户。

### 三、会计科目与账户的关系

账户和会计科目是两个既有一定区别又有密切联系的概念。

其共同点在于：它们都是对会计对象的具体内容在按照会计要素分类的基础上所作的进一步分类，两者的名称相同，反映的经济内容相同。

其不同点在于：会计科目只是对会计对象的具体内容进行分类核算的项目，仅仅是账户的名称，不存在格式和结构。而账户是根据会计科目开设的，用来记录由于发生经济业务而引起的会计要素具体内容的各项目增减变化的空间场所，具有一定的格式和结构，会计科目就是账户的名称。

【小贴士】
　　由于会计账户是根据会计科目设置的，两者的性质、内容、分类一致，因此在实际工作中，会计科目与账户通常不加以严格的区别，而是作为同义语，可以相互通用。

## 任务三　复式记账法

### 一、记账方法概述

记账方法是指在账户中记录经济业务所采用的方法。按记录方式的不同，分为单式记账法和复式记账法。

#### （一）单式记账法

单式记账法是指对发生的经济业务一般只在一个账户中进行计量与记录的方法。是一种比较简单、不完整的记账方法。采用这种方法，一般只反映现金和银行存款的收付业务，以及应收、应付账款等债权、债务方面发生的经济业务事项。如以银行存款支付 2 000 元购买原材料，只在"银行存款"账户中记录减少 2 000 元，而对银行存款减少的去向，则不通过有关账户进行记录。由于这种记账方法未能形成一套完整的账户体系，账户之间也不能形成相互对应的关系，不能全面、系统地反映经济业务发生而引起的会计要素增减变动及其结果，不能反映经济业务的来龙去脉，不便于检查账户记录的正确性，这种记账方法目前实务上基本不采用。

#### （二）复式记账法

复式记账法是指对发生的每一项经济业务，都以相等的金额，在相互联系的两个或两个以上账户中进行记录的记账方法。例如，用银行存款 2 000 元购买原材料。按照复式记账法的要求，则要以相等的金额，一方面在"银行存款"账户中记录银行存款减少了2 000元，另一方面还要在"原材料"账户中记录原材料增加了2 000元。因此，与单式记账法相比较，复式记账法有两个明显的特点。

（1）对于每一项经济业务，都要在两个或两个以上相互关联的账户中进行记录。因此，通过账户记录不仅可以全面、清晰地反映出经济业务的来龙去脉，而且还能通过会计要素的增减变动，全面、系统地反映经济活动的过程和结果。

（2）由于每项经济业务发生后，都以相等的金额在有关账户中进行记录，因而便于核对账户记录，进行试算平衡，保证账户记录的正确性。

复式记账法是以"资产=负债+所有者权益"这一会计等式为依据建立的一种记账方法，被公认为是一种科学的记账方法，为世界各国所广泛采用。复式记账法根据记账符号不同，可以分为：借贷记账法、增减记账法和收付记账法。借贷记账法是世界各国通用的一种复式记账方法。我国《企业会计准则——基本准则》中明确规定：中国境内的所有企业都应采用借贷记账法。

## 二、借贷记账法

### （一）借贷记账法的概念

借贷记账法起源于13世纪的意大利。"借""贷"的含义，最初是从借贷资本家角度来解释的，用来表示债权和债务的增减变动。借贷资本家

M3-3 借贷记账法

对于借进的款项，记在贷主名下，表示自身的债务增加；对于贷出的款项，则记在借主名下，表示自身的债权增加。这样，"借""贷"两字分别表示债权、债务的变化。

随着社会经济的发展，经济活动的内容日益复杂，记录的经济业务不再局限于货币资金的借贷，而是扩展到财产物资的增减变化。即对非货币资金的借贷，也要求用"借""贷"两字记录其增减变动情况，以求账簿记录的统一。这样，"借""贷"两字逐渐失去了原来的字面含义，而演变成纯粹的记账符号，成为会计上的专业术语，用来反映资产的存在形态和权益的增减变化，用来标明记账方向。

借贷记账法是建立在"资产=负债+所有者权益"会计等式的基础上，以"借""贷"作为记账符号，以"有借必有贷，借贷必相等"作为记账规则，反映会计要素的增减变动情况的一种复式记账方法。

### （二）借贷记账法的基本内容

借贷记账法作为复式记账法的一种方式，它主要包括记账符号、账户结构、记账规则和试算平衡四个方面的基本内容。

**1. 借贷记账法的记账符号**

记账符号是指用来表示经济业务的增减变动和记账方向而规定使用的符号。借贷记账法以"借""贷"两字作为记账符号，分别作为账户的左方和右方。"借"和"贷"本身不具有任何内在的含义。在借贷记账法下，既不是"借"表示增加，"贷"表示减少，也不是相反。至于"借"和"贷"哪一方记增加，哪一方记减少，则取决于账户的性质及结构。

**2. 借贷记账法下的账户结构**

在借贷记账法下，账户的基本结构是：左方为借方，右方为贷方。但哪一方登记增加，哪一方登记减少，则要根据账户反映的经济内容的性质决定。不同性质的账户，其结构是不

同的，同类性质的科目，其结构是相同的。按照综合会计等式"资产＋费用＝负债＋所有者权益＋收入"，把账户分为两类性质不同的账户，处于等式左边的资产和费用账户属于一类，反映资金的去向，其借方记录增加，贷方记录减少；处于等式右边的负债、所有者权益和收入账户为一类，反映的是资金的来源，其借方记录减少，贷方记录增加。余额一般在登记增加的一方。每一类账户的结构具体如下。

（1）资产类账户结构

资产类账户，借方登记资产的增加额，贷方登记资产的减少额，余额一般在借方，表示各项资产的实有数额。

资产类账户的发生额与余额之间的关系用公式表示如下：

期末借方余额 = 期初借方余额 + 本期借方发生额合计 − 本期贷方发生额合计

上期的期末余额 = 本期的期初余额

资产类账户的基本结构如图 3-2 所示。

资产类账户

| 借方 | 贷方 |
|---|---|
| 期初余额×××  本期增加额××× | 本期减少额××× |
| 本期发生额合计××× | 本期发生额合计××× |
| 期末余额××× | |

图 3-2　资产类账户结构

（2）负债及所有者权益类账户结构

负债及所有者权益类账户，贷方登记其增加额，借方登记其减少额，余额在贷方，表示负债及所有者权益的实际数额。

该类账户的发生额与余额之间的关系用公式表示如下：

期末贷方余额 = 期初贷方余额 + 本期贷方发生额合计 − 本期借方发生额合计

负债及所有者权益类账户的基本结构如图 3-3 所示。

负债及所有者权益类账户

| 借方 | 贷方 |
|---|---|
| | 期初余额××× |
| 本期减少额××× | 本期增加额××× |
| 本期发生额合计××× | 本期发生额合计××× |
| | 期末余额××× |

图 3-3　负债及所有者权益类账户结构

(3) 成本类账户结构

在产品完工后就转化为产成品，企业在生产经营过程中形成的成本实际上是一种资产，所以，成本类账户的结构与资产类账户的结构基本相同。账户的借方登记其增加额，贷方登记其减少额或转出额。会计期末，如已发生的所有成本均已转出，则期末没有余额，如尚有一部分成本没转出，则会出现借方余额，表示期末在产品的成本数额。

成本类账户基本结构如图3-4所示。

成本类账户

| 借方 | 贷方 |
| --- | --- |
| 期初余额×××  本期增加额××× | 本期减少额××× |
| 本期发生额合计××× | 本期发生额合计××× |
| 期末余额××× | |

图3-4　成本类账户结构

【小贴士】
　　成本类账户无余额或余额在借方，无余额表示期末产品全部完工，如果有余额，则一定为借方余额，表示期末在产品的成本数额。

(4) 收入类账户结构

收入类账户的结构与负债及所有者权益类账户结构基本相同，账户的贷方登记增加额，借方登记其减少额或转销额。但与权益类会计科目不同的是，收入是企业在一定会计期间取得的经营业绩，不应留存到下一个会计期间，应当在当期予以结转，所以期末要将全部余额转入"本年利润"账户的贷方，以便结算本期利润，因此，收入类账户期末无余额。

收入类账户的基本结构如图3-5所示。

收入类账户

| 借方 | 贷方 |
| --- | --- |
| 本期减少额或转销额××× | 本期增加额××× |
| 本期发生额合计××× | 本期发生额合计××× |

图3-5　收入类账户结构

(5) 费用类账户结构

费用类账户的结构与资产、成本类账户的结构基本相同，账户的借方登记其增加额，贷方登记其减少额或转销额，同收入类账户一样，期末要将全部余额转入"本年利润"账户的借方，以便结算本期利润，因此，费用类账户期末无余额。

费用类账户的基本结构如图 3-6 所示。

费用类账户

| 借方 | 贷方 |
| --- | --- |
| 本期增加额××× | 本期减少额或转销额××× |
| 本期发生额合计××× | 本期发生额合计××× |

**图 3-6　费用类账户结构**

根据以上对各类账户结构的说明，可以将账户借方和贷方所记录的经济内容加以归纳，如表 3-4 所示。

**表 3-4　借贷记账法下各类账户基本结构**

| 账户类别 | 借方 | 贷方 | 余额方向 |
| --- | --- | --- | --- |
| 资产类 | 增加 | 减少 | 借方 |
| 负债类 | 减少 | 增加 | 贷方 |
| 所有者权益类 | 减少 | 增加 | 贷方 |
| 收入类 | 减少（或转销） | 增加 | 无余额 |
| 成本类 | 增加 | 减少（或转销） | 无余额或余额在借方 |
| 费用类 | 增加 | 减少（或转销） | 无余额 |

**3. 借贷记账法的记账规则**

借贷记账法的记账规则，概括地说就是："有借必有贷，借贷必相等"。借贷记账法的记账规则是根据以下两个方面的原理来确定的。

（1）根据复式记账的原理，对每一项经济业务都必须以相等的金额在两个或两个以上相互联系的账户中进行登记。

（2）根据借贷记账法账户结构的原理，对每一项经济业务涉及的金额的增减都必须以相反的方向进行登记。

因此，借贷记账法要求对每一项经济业务都要按借贷相反的方向，以相等的金额，在两个或两个以上相互联系的账户中进行登记。也就是说，对每一项经济业务，都要在记入一个账户借方的同时，记一个或几个账户的贷方；或者在记入一个账户贷方的同时，记另一个或几个账户的借方。而且记入借方的金额必须等于记入贷方的金额。

在运用借贷记账法的记账规则登记经济业务时，一般应按以下两个步骤进行。

首先，应分析经济业务中所涉及的账户名称，并判断出账户的性质；

其次，应根据上述分析，确定该项经济业务所涉及的账户的金额是增加还是减少；

最后，根据账户的结构确定应记入相关账户的借方或贷方，以及各账户应记入的金额。

下面以福海公司 2019 年 10 月份发生的部分经济业务为例来说明借贷记账法的记账规则。

**【例 3-1】** 10 月 3 日公司从银行取得短期借款 50 000 元，存入银行。

这项经济业务的发生，一方面使公司的资产项目银行存款增加了 50 000 元，另一方面使公司的负债项目短期借款增加了 50 000 元。

因此，这项经济业务涉及"银行存款"和"短期借款"两个账户。根据账户结构的规定，"银行存款"账户应记入借方，同时，"短期借款"账户记入贷方。其登记结果如下。

| 银行存款 | | | | 短期借款 | |
|---|---|---|---|---|---|
| 借 | | 贷 | | 借 | 贷 |
| （3-1） | 50 000 | | | | （3-1） 50 000 |

【例 3-2】10 月 8 日公司接受 A 公司投入资本 200 000 元，存入银行。

这项经济业务的发生，一方面使公司的资产项目银行存款增加了 200 000 元，另一方面使公司的所有者权益项目实收资本增加了 200 000 元。

因此，这项经济业务涉及"银行存款"和"实收资本"两个账户。根据账户结构规定，"银行存款"账户应记入借方，同时，"实收资本"账户应记入贷方。

其登记结果如下。

| 银行存款 | | | | 实收资本 | |
|---|---|---|---|---|---|
| 借 | | 贷 | | 借 | 贷 |
| （3-2） | 200 000 | | | | （3-2） 200 000 |

【例 3-3】10 月 11 日公司以银行存款偿还前欠 B 公司应付账款 80 000 元。

这项经济业务的发生，一方面使公司的资产项目银行存款减少了 80 000 元，另一方面使公司的负债项目应付账款减少了 80 000 元。因此，这项经济业务涉及"银行存款"和"应付账款"两个账户。根据账户结构的规定，"应付账款"账户应记入借方，同时"银行存款"账户应记入贷方。

其登记结果如下。

| 应付账款 | | | | 银行存款 | |
|---|---|---|---|---|---|
| 借 | | 贷 | | 借 | 贷 |
| （3-3） | 80 000 | | | | （3-3） 80 000 |

【例 3-4】10 月 15 日公司从银行提取库存现金 100 000 元。

这项经济业务的发生，一方面使公司的资产项目库存现金增加了 100 000 元，另一方面使公司的资产项目银行存款减少了 100 000 元。因此，这项经济业务涉及"库存现金"和"银行存款"两个账户。根据账户结构的规定，"库存现金"账户应记入借方，同时"银行存款"账户应记入贷方。

其登记结果如下。

【例3-5】10月20日公司接到银行通知，已用公司存款支付水电费3 500元。

这项经济业务的发生，一方面使公司的费用项目管理费用增加了3 500元，另一方面使公司的资产项目银行存款减少了3 500元。因此，这项经济业务涉及"管理费用"和"银行存款"两个账户。根据账户结构的规定，"管理费用"账户应记入借方，同时，"银行存款"账户应记入贷方。

其登记结果如下。

【例3-6】10月28日公司销售产品取得销售收入60 000元，款项尚未收到。（不考虑交纳的增值税）

这项经济业务的发生，一方面使公司的资产项目应收账款增加了60 000元，另一方面使公司的收入项目主营业务收入增加了60 000元。因此，这项经济业务涉及"应收账款"和"主营业务收入"两个账户。根据账户结构的规定，"应收账款"账户应记入借方，同时，"主营业务收入"账户应记入贷方。

其登记结果如下。

| 应收账款 | | 主营业务收入 | |
|---|---|---|---|
| 借 | 贷 | 借 | 贷 |
| （3-6） 60 000 | | | （3-6） 60 000 |

通过上述经济业务的账务处理可以看出，在借贷记账法下，不论发生哪种类型的经济业务，记入账户总是遵循"有借必有贷，借贷必相等"的记账规则。

**4. 账户对应关系和会计分录**

（1）账户对应关系

在运用借贷记账法时，根据借贷记账法的记账规则，对每项经济业务都要在两个或两个以上的账户中进行登记，于是在有关账户之间便形成了应借、应贷的关系，我们把账户之间应借、应贷的相互关系,叫做账户对应关系,把存在这种对应关系的账户称为对应账户。例如,企业用银行存款 2 000 元购买原材料,对这项经济业务要分别在"原材料"账户的借方和"银行存款"账户的贷方进行登记,这样,"原材料"和"银行存款"账户之间就发生了相互对应关系,两个账户就互为对应账户。

通过账户的对应关系,可以了解经济业务的内容和来龙去脉,检查账务处理是否正确,发生的经济业务是否合理、合法。

(2)会计分录

为了保证账户对应关系的正确性,登记账户前应先根据经济业务所涉及的账户及其借贷方向和金额编制会计分录,据以登记账户。所谓会计分录,是指标明某项经济业务应借、应贷账户及其金额的记录,简称分录。会计分录由三个基本内容构成:记账符号、账户名称、金额。会计分录的书写格式是"借"在上,"贷"在下,每一个会计科目各占一行,"借""贷"前后错位表示。

M3-4 会计分录

编制会计分录时,一般遵循以下基本步骤:

第一,分析这项经济业务涉及哪些账户,账户性质是属于资产、成本、费用?还是负债、所有者权益、收入?

第二,确定涉及的这些账户,是增加还是减少;

第三,根据账户的性质和结构,确定记入哪个账户的借方,哪个账户的贷方;

第四,根据借贷记账法的记账规则,确定应借、应贷账户是否正确,借贷方金额是否相等。

根据会计分录所涉及账户数量的多少,可将会计分录分为简单会计分录和复合会计分录两种。简单会计分录是指仅涉及一个账户借方和另一个账户贷方的会计分录,即一借一贷的会计分录。

现以前面福海公司 10 月份发生的 6 笔经济业务为例,编制简单会计分录如下:

【例 3-1】借:银行存款　　　　　　50 000
　　　　　　贷:短期借款　　　　　　50 000

【例 3-2】借:银行存款　　　　　　200 000
　　　　　　贷:实收资本　　　　　　200 000

【例 3-3】借:应付账款　　　　　　80 000
　　　　　　贷:银行存款　　　　　　80 000

【例 3-4】借:库存现金　　　　　　100 000
　　　　　　贷:银行存款　　　　　　100 000

【例 3-5】借:管理费用　　　　　　3 500
　　　　　　贷:银行存款　　　　　　3 500

【例 3-6】借:应收账款　　　　　　60 000
　　　　　　贷:主营业务收入　　　　60 000

复合会计分录是指涉及三个或三个以上账户的会计分录,即一借多贷、多借一贷或多借多贷的会计分录。编制复合会计分录既可以集中某项经济业务的全面情况,又可以简化记账工作,提高会计工作效率,但应避免把不同类型经济业务合并编制"多借多贷"的复合会计分录。

**【例 3-7】** 10 月 29 日福海公司生产产品领用原材料 10 000 元,管理部门领用原材料 2 000元,销售部门领用原材料 3 000 元。编制会计分录为:

借:生产成本　　　　　　　　10 000
　　管理费用　　　　　　　　2 000
　　销售费用　　　　　　　　3 000
　　贷:原材料　　　　　　　　15 000

**【例 3-8】** 就是一笔复合会计分录,它是由三个借方账户与一个贷方账户相对应组成的。实际上复合会计分录是由几笔简单会计分录组成的。因而可将其分解为若干笔简单会计分录。如【例 3-7】的复合会计分录可分解为以下三笔简单会计分录:

(1)借:生产成本　　　　　　10 000
　　　贷:原材料　　　　　　　10 000
(2)借:管理费用　　　　　　2 000
　　　贷:原材料　　　　　　　2 000
(3)借:销售费用　　　　　　3 000
　　　贷:原材料　　　　　　　3 000

**【例 3-8】** 月末结转收入和费用。

借:主营业务收入　　　　　　60 000
　　贷:本年利润　　　　　　　60 000
借:本年利润　　　　　　　　8 500
　　贷:管理费用　　　　　　　5 500
　　　销售费用　　　　　　　3 000

**5. 借贷记账法的试算平衡**

企业在日常会计记录中可能会发生错记、重记、漏记的情况,从而影响到账户之间的平衡,为了检查本期会计分录过入总分类账户后借、贷双方金额是否相等,有无错记、漏记或重复记账的情况发生,必须进行试算平衡。

试算平衡是指根据"资产=负债+所有者权益"的恒等关系和借贷记账法的记账规则,在一定时期终了时将所有账户的本期发生额和期末余额进行汇总计算,以检查和验证所有账户记录是否正确的一种方法,试算平衡有发生额试算平衡和余额试算平衡两种方法。

M3-5 试算平衡

① 发生额试算平衡。从发生额来看,由于对任何经济业务都要根据"有借必有贷,借贷必相等"的记账规则编制会计分录,这样,不仅每一笔会计分录的借方和贷方发生额会相等,而且将一定时期内(一个月)的全部经济业务编制的会计分录记入相关账户后,所有账户的借方发生额合计数与贷方发生额合计数也必然相等。具体试算平衡公式如下:

全部账户的本期借方发生额合计=全部账户的本期贷方发生额合计

② 余额试算平衡。从余额来看,由于借方余额的账户都是资产类账户和成本类账户,表示资产总额;贷方余额的账户都是负债及所有者权益类账户,表示权益总额。因此,根据"资产=负债+所有者权益"的恒等关系,所有账户借方余额的合计数必然与所有账户贷方余额的合计数相等。用公式表示如下:

全部账户的期初(期末)借方余额合计=全部账户的期初(期末)贷方余额合计

下面举例说明编制试算平衡表的方法。

【例 3-9】福海公司 2019 年 10 月 1 日有关账户余额情况如表 3-5 所示。

表 3-5　福海公司有关账户余额

2019 年 10 月 1 日　　　　　　　　　　　　　　　　　　　　　　　　　　　　单位：元

| 账户名称 | 借方余额 | 账户名称 | 贷方余额 |
| --- | --- | --- | --- |
| 库存现金 | 3 000 | 短期借款 | 20 000 |
| 银行存款 | 57 000 | 应付账款 | 170 000 |
| 应收账款 | 70 000 | 应交税费 | 80 000 |
| 原材料 | 100 000 | 实收资本 | 130 000 |
| 长期股权投资 | 80 000 | 资本公积 | 60 000 |
| 固定资产 | 150 000 | | |
| 合计 | 460 000 | 合计 | 460 000 |

根据前述【例3-1】至【例3-7】的会计分录，经过登账，期末结出账户的本期发生额和期末余额。

银行存款

| | 借 | | 贷 |
| --- | --- | --- | --- |
| 期初余额 | 57 000 | | |
| （3-1） | 50 000 | （3-3） | 80 000 |
| （3-2） | 200 000 | （3-4） | 100 000 |
| | | （3-5） | 3 500 |
| 本期发生额 | 250 000 | 本期发生额 | 183 500 |
| 期末余额 | 123 500 | | |

短期借款

| | 借 | | 贷 |
| --- | --- | --- | --- |
| | | 期初余额 | 20 000 |
| | | （3-1） | 50 000 |
| 本期发生额 | 0 | 本期发生额 | 70 000 |
| | | 期末余额 | 70 000 |

实收资本

| | 借 | | 贷 |
| --- | --- | --- | --- |
| | | 期初余额 | 130 000 |
| | | （3-2） | 200 000 |
| 本期发生额 | 0 | 本期发生额 | 200 000 |
| | | 期末余额 | 330 000 |

应付账款

| | 借 | | 贷 |
| --- | --- | --- | --- |
| | | 期初余额 | 170 000 |
| （3-3） | 80 000 | | |
| 本期发生额 | 80 000 | 本期发生额 | 0 |
| | | 期末余额 | 90 000 |

库存现金

| | 借 | | 贷 |
| --- | --- | --- | --- |
| 期初余额 | 0 | | |
| （3-4） | 100 000 | | |
| 本期发生额 | 100 000 | 本期发生额 | 0 |
| 期末余额 | 100 000 | | |

管理费用

| | 借 | | 贷 |
| --- | --- | --- | --- |
| 期初余额 | 0 | | |
| （3-5） | 3 500 | | |
| （3-7） | 2 000 | | |
| 本期发生额 | 5 500 | | |
| 期末余额 | 5 500 | | |

| 应收账款 | | | | | 主营业务收入 | | |
|---|---|---|---|---|---|---|---|
| 借 | | 贷 | | | 借 | | 贷 |
| 期初余额 | 70 000 | | | | | 期初余额 | 0 |
| (3-6) | 60 000 | | | | | (3-6) | 60 000 |
| 本期发生额 | 60 000 | 本期发生额 | 0 | | 本期发生额 0 | 本期发生额 | 60 000 |
| 期末余额 | 130 000 | | | | | 期末余额 | 60 000 |

| 生产成本 | | | | | 销售费用 | | |
|---|---|---|---|---|---|---|---|
| 借 | | 贷 | | | 借 | | 贷 |
| 期初余额 | 0 | | | | 期初余额 | 0 | |
| (3-7) | 10 000 | | | | (3-7) | 3 000 | |
| 本期发生额 | 10 000 | 本期发生额 | 0 | | 本期发生额 | 3 000 | |
| 期末余额 | 10 000 | | | | 期末余额 | 3 000 | |

| 长期股权投资 | | | | | 原材料 | | |
|---|---|---|---|---|---|---|---|
| 借 | | 贷 | | | 借 | | 贷 |
| 期初余额 | 80 000 | | | | 期初余额 | 100 000 | |
| | | | | | | | (3-7) 15 000 |
| 本期发生额 | 0 | 本期发生额 | 0 | | 本期发生额 0 | 本期发生额 | 15 000 |
| 期末余额 | 80 000 | | | | 期末余额 | 85 000 | |

| 应交税费 | | | | | 固定资产 | | |
|---|---|---|---|---|---|---|---|
| 借 | | 贷 | | | 借 | | 贷 |
| | | 期初余额 | 80 000 | | 期初余额 | 150 000 | |
| 本期发生额 | 0 | 本期发生额 | 0 | | 本期发生额 0 | 本期发生额 | 0 |
| | | 期末余额 | 80 000 | | 期末余额 | 150 000 | |

| 本年利润 | | | | | 资本公积 | | |
|---|---|---|---|---|---|---|---|
| 借 | | 贷 | | | 借 | | 贷 |
| | | 期初余额 | 0 | | | | 期初余额 60 000 |
| (3-8) | 8 500 | (3-8) | 60 000 | | | | |
| 本期发生额 | 8 500 | 本期发生额 | 60 000 | | 本期发生额 0 | 本期发生额 | 0 |
| | | 期末余额 | 51 500 | | | | 期末余额 60 000 |

再编制试算平衡表如表 3-6 所示。

表 3-6　福海公司试算平衡表

2017 年 10 月 31 日　　　　　　　　　　　　　　　　　　　　　　　　　　　单位：元

| 账户名称 | 期初余额 | | 本期发生额 | | 期末余额 | |
|---|---|---|---|---|---|---|
| | 借方 | 贷方 | 借方 | 贷方 | 借方 | 贷方 |
| 库存现金 | 3 000 | | 100 000 | | 103 000 | |
| 银行存款 | 57 000 | | 250 000 | 183 500 | 123 500 | |
| 应收账款 | 70 000 | | 60 000 | | 130 000 | |
| 原材料 | 100 000 | | | 15 000 | 85 000 | |
| 长期股权投资 | 80 000 | | | | 80 000 | |
| 固定资产 | 150 000 | | | | 150 000 | |
| 短期借款 | | 20 000 | | 50 000 | | 70 000 |
| 应付账款 | | 170 000 | 80 000 | | | 90 000 |
| 应交税费 | | 80 000 | | | | 80 000 |
| 实收资本 | | 130 000 | | 200 000 | | 330 000 |
| 资本公积 | | 60 000 | | | | 60 000 |
| 生产成本 | | | 10 000 | | 10 000 | |
| 管理费用 | | | 5 500 | 5 500 | | |
| 销售费用 | | | 3 000 | 3 000 | | |
| 主营业务收入 | | | 60 000 | 60 000 | | |
| 本年利润 | | | 8 500 | 60 000 | | 51 500 |
| 合计 | 460 000 | 460 000 | 577 000 | 577 000 | 681 500 | 681 500 |

在编制试算平衡表时，通常应注意以下几个方面：

第一，必须保证所有账户的余额都已记入试算平衡表，并计算正确。

第二，如果试算平衡表中借贷金额不相等，可以肯定账户记录有错误，应认真查找原因，直到实现平衡为止。

第三，试算平衡表即使"期初余额""本期发生额"和"期末余额"都已平衡，也不能说明账户记录绝对正确，因为，有些账户记录错误并不会影响借贷双方的平衡关系。例如：（1）某项经济业务记错了账户，如应当记入"库存现金"账户的误记入"银行存款"账户，借贷仍保持平衡；（2）漏记某项经济业务，会使本期借贷双方的发生额等额减少，借贷仍保持平衡；（3）重记某项经济业务，会使本期借贷双方的发生额等额增加，借贷仍保持平衡；（4）某项经济业务在账户记录中颠倒了记账方向，借贷仍保持平衡；（5）借方或贷方发生额中，偶尔发生多记和少记并相互抵消，借贷方仍保持平衡。

【课后思考】

1. 什么是会计科目？会计科目如何分类？
2. 账户的基本结构是什么？
3. 借贷记账法的内容有哪些？
4. 借贷记账法下各类账户如何登记？

# 项目四

# 工业企业主要经济业务核算

【学习目标】

1. 了解工业企业主要经营过程及其主要经济业务;
2. 能正确计算采购成本、生产成本与产品销售成本;
3. 能正确处理供应过程、生产过程、销售过程、财务成果核算的经济业务;
4. 能正确计算利润总额与净利润。

【引导案例】

小江大学毕业后,在学校附近开一家快餐店,投资了 200 000 元,同时还借入 100 000 元,主要用于房屋租赁与装修、设备购买、各种原材料的采购、产品制作与销售、水电费与人员工资支付等。对于以上经济业务如何设置相应账户进行会计核算?

## 任务一 资金筹集过程业务核算

### 一、资金筹集过程的主要经济业务

企业在生产经营过程中,可能面临资金短缺的问题,这时就需要筹集资金。可以由投资者投入资金,也可以向银行或其他金融机构借款等。因此投资者投入资本业务和借款业务是资金筹集过程的主要经济业务。

### 二、投入资本业务的核算

#### (一)应设置的主要账户

我国法律规定,设立企业必须有法定的资本。投资者可以用现金投资,也可以用材料物资、固定资产等实物投资,还可以用专利权等无形资产投资。投资者投入资本的业务核算需要设置的主要账户有:"实收资本""资本公积""银行存款""固定资产""无形资产"等。

M4-1 投入资本业务的核算

1. "实收资本"账户

(1)账户性质。所有者权益类账户。

(2)核算内容。用来核算和反映企业所有者的资本投入情况。

(3)账户结构

实收资本

| 借 | 贷 |
| --- | --- |
| （1）按法定程序报经批准减少的注册资本<br>（2）合作期满归还投资者的投资 | 投资者投入的增加 |
| | 期末余额：实有资本数 |

（4）明细账设置。按照投资者设置明细账户，进行明细分类核算。

**2. "资本公积"账户**

（1）账户性质。所有者权益类账户。

（2）核算内容。用来核算和反映企业所有者的资本投入情况。

（3）账户结构

资本公积

| 借 | 贷 |
| --- | --- |
| （1）资本公积金转增资本<br>（2）直接计入所有者权益的损失 | （1）投入资本引起的增值<br>（2）直接计入所有者权益的利得 |
| | 期末余额：资本公积结余数 |

**3. "银行存款"账户**

（1）账户性质。资产类账户。

（2）核算内容。用来核算和反映企业银行存款的收入和支出情况。

（3）账户结构

银行存款

| 借 | 贷 |
| --- | --- |
| 收到的银行存款 | 支付的银行存款 |
| 期末余额：银行存款结余数 | |

（4）明细账设置。按照开立的银行账户设置明细账户，进行明细分类核算。

**4. "固定资产"账户**

（1）账户性质。资产类账户。

（2）核算内容。用来核算和反映企业固定资产原值的增减情况。

（3）账户结构

固定资产

| 借 | 贷 |
| --- | --- |
| 增加的固定资产原值 | 减少的固定资产原值 |
| 期末余额：结余的固定资产原值 | |

（4）明细账设置。可按固定资产的类别设置明细账户，进行明细分类核算。

### 5. "无形资产"账户

（1）账户性质。资产类账户。

（2）核算内容。用来核算和反映企业无形资产的增减情况。

（3）账户结构

无形资产

| 借 | 贷 |
|---|---|
| 增加的无形资产 | 减少的无形资产 |
| 期末余额：无形资产结余数 | |

（4）明细账设置。可按无形资产的类别设置明细账户，进行明细分类核算。

### （二）投入资本业务核算举例

**【例4-1-1】** 2019年1月南方公司成立，公司注册资本为200万元，由甲、乙、丙分别出资120万元、60万元、20万元，所占持股比例按照出资额计算，分别为60%、30%、10%。1月10日公司收到各投资者投入的货币资金200万元，存入银行。公司在进行账务处理时，应编制的会计分录为：

借：银行存款　　　　　　　　200
　　贷：实收资本——甲　　　　120
　　　　　　——乙　　　　　　60
　　　　　　——丙　　　　　　20

**【例4-1-2】** 2019年3月南方公司接收丁为新股东。丁以一台设备投入企业。该设备评估作价55万元，投资协议规定丁的投资额为50万元。企业的注册资本变更为250万元，股东持股比例也发生了变更。公司在进行账务处理时，应编制的会计分录为：

借：固定资产　　　　　　　　55
　　贷：实收资本　　　　　　　50
　　　　资本公积　　　　　　　5

## 三、短期借款业务的核算

### （一）应设置的主要账户

企业在生产经营过程中，由于多种原因，经常需要向银行等金融机构借款，以补充资金的不足。偿还期限在一年或超过一年的一个营业周期以内的各种借款为短期借款。短期借款业务的核算需要设置的主要账户有："短期借款""应付利息""财务费用"等。

M4-2 短期借款业务的核算

#### 1. "短期借款"账户

（1）账户性质。负债类账户。

（2）核算内容。用来核算企业短期借款的借入及偿还情况。

（3）账户结构

| 短期借款 ||
|---|---|
| 借 | 贷 |
| 到期归还的短期借款本金 | 借入的短期借款本金 |
|  | 期末余额：尚未归还的短期借款本金 |

（4）明细账设置。可按借款种类、贷款人和币种设置明细账户，进行明细分类核算。

2."应付利息"账户

（1）账户性质。负债类账户。

（2）核算内容。用来核算企业在借款期内产生的应付而未付的银行借款利息。

（3）账户结构

| 应付利息 ||
|---|---|
| 借 | 贷 |
| 支付的利息 | 计提的利息 |
|  | 期末余额：已计提但尚未支付的利息 |

3."财务费用"账户

（1）账户性质。损益类账户。

（2）核算内容。用来核算企业为筹集生产经营所需资金等而发生的各种筹资费用，包括利息支出（减利息收入）、佣金、汇兑损失（减汇兑收益）、现金折扣以及相关的手续费等。

（3）账户结构

| 财务费用 ||
|---|---|
| 借 | 贷 |
| 本期应负担的各种筹资费用发生数 | 转入"本年利润"数 |
| 期末无余额 |  |

（二）短期借款业务核算举例

【例4-1-3】南方公司因生产经营的临时性需要，于2019年1月1日向银行申请取得期限为6个月的借款300 000元，存入银行，合同约定的年利率为6%，利息到期一次性支付。公司在进行账务处理时，应编制的会计分录为：

借：银行存款　　　　　　　　　300 000
　　贷：短期借款　　　　　　　　300 000

【例4-1-4】2019年1月31日计提南方公司1月份应负担的利息。公司在进行账务处理时，应编制的会计分录为：

1月份的借款利息 =300 000×6%÷12=1 500（元）

借：财务费用　　　　　　　　　　1 500
　　贷：应付利息　　　　　　　　　　1 500

提示：2月、3月、4月、5月底公司计提利息，业务处理同上。

【例4-1-5】6月30日借款到期，南方公司用银行存款偿还到期的借款本金和利息。公司在进行账务处理时，应编制的会计分录为：

借：短期借款　　　　　　　　　　300 000
　　应付利息　　　　　　　　　　　7 500
　　财务费用　　　　　　　　　　　1 500
　　贷：银行存款　　　　　　　　　309 000

# 任务二　材料供应过程业务核算

## 一、材料供应过程的主要经济业务

原材料供应过程，是指企业从采购材料开始，到材料验收入库为止。这个阶段是产品生产的准备阶段，这个过程的主要经济业务是组织材料的采购，在采购过程中，企业要向有关单位支付材料价款及运输费、装卸费等各种采购费用，还要同有关单位发生款项结算。因此采购业务和款项结算业务是供应过程的主要经济业务。

## 二、应设置的主要账户

在实际成本核算方法下，企业供应过程的业务核算需要设置的主要账户有："在途物资""原材料""应付账款""应付票据""预付账款""应交税费——应交增值税"等。

M4-3 材料供应过程业务账户设置

### （一）"在途物资"账户

（1）账户性质。资产类账户。

（2）核算内容。用来核算材料等物资在实际成本核算法下的采购成本。

（3）账户结构

在途物资

| 借 | 贷 |
| --- | --- |
| 外购材料实际采购成本 | 验收入库材料的实际成本 |
| 期末余额：尚未验收入库在途物资的实际成本 |  |

（4）明细账设置。按照物资品种或类别设置明细账户，进行明细分类核算。

### （二）"原材料"账户

（1）账户性质。资产类账户。

（2）核算内容。用来核算企业库存材料实际成本的增减变动及其结存情况。

（3）账户结构

原材料

| 借 | 贷 |
|---|---|
| 入库材料的实际成本 | 发出材料的实际成本 |
| 期末余额：库存材料的成本 | |

（4）明细账设置。按照物资品种或类别设置明细账户，进行明细分类核算。

### （三）"应付账款"账户

（1）账户性质。负债类账户。

（2）核算内容。用来核算企业单位因购买材料物资、接受劳务供应而与供应单位发生的结算债务的增减变动及其结余情况。

（3）账户结构

应付账款

| 借 | 贷 |
|---|---|
| 支付给供应单位的款项 | 应当付给供应单位的款项 |
| | 期末余额：尚未偿还给供应单位的款项 |

（4）明细账设置。按照供应单位的名称设置明细账户，进行明细分类核算。

### （四）"应付票据"账户

（1）账户性质。负债类账户。

（2）核算内容。用来核算企业单位采用商业汇票结算方式购买材料物资等而开出、承兑商业汇票的增减变动及其结余情况。

（3）账户结构

应付票据

| 借 | 贷 |
|---|---|
| 实际支付的商业汇票款 | 企业开出、承兑的商业汇票款 |
| | 期末余额：尚未到期支付的商业汇票款 |

（4）明细账设置。该账户一般不设置明细账户，但要设置"应付票据备查簿"登记其具体内容。

### （五）"预付账款"账户

（1）账户性质。资产类账户。

（2）核算内容。用来核算企业按照合同规定向供应单位预付购料款项的增减变动及其结余情况。

(3) 账户结构

预付账款

| 借 | 贷 |
|---|---|
| ① 因购货而预付给供应单位的款项<br>② 补付预付款项 | ① 收到所购货物时冲销的预付款项<br>② 收回多预付数额 |
| 期末余额：已预付但尚未收回的预付款 | 期末余额：应补付的货款数 |

(4) 明细账设置。按照供应单位的名称设置明细账户，进行明细分类核算。

### （六）"应交税费——应交增值税"账户

(1) 账户性质。负债类账户。
(2) 核算内容。用来核算企业的应交增值税。
(3) 账户结构

M4-4 拓展阅读：增值税税率下调

应交税费——应交增值税

| 借 | 贷 |
|---|---|
| 购进货物时的进项税 | 销售货物时的销项税 |
| | 期末余额：应交未交的增值税 |

## 三、供应过程业务核算举例

### （一）材料采购成本的构成

外购材料物资的采购成本是指为采购原材料而实际发生的各项费用。企业的材料采购成本包括：

(1) 材料的买价。指进货发票所开列的货款金额。
(2) 运杂费。包括运输费、装卸费、包装费、保险费、仓储费等。
(3) 运输途中的合理损耗。指企业与供应或运输部门所签订的合同中规定的合理损耗或必要的自然损耗。
(4) 入库前的挑选整理费用。指购入的材料在入库前需要挑选整理而发生的费用，包括挑选过程中所发生的工资、费用支出和必要的损耗等，但要扣除下脚残料的价值。
(5) 购入材料负担的相关税费（如关税等）、外汇差价及其他费用等。

### （二）材料采购费用的分配

在采购过程中发生的采购费用，对于可以直接归属于有关对象的直接费用，应直接计入相关材料的采购成本；几种材料共同发生的采购费用，则应采用适当的方法按一定的分配标准进行分配，计入各种材料的采购成本，实际工作中，可根据具体情况选择重量、体积、件数、买价等作为分配标准。分配共同发生的采购费用时，应先计算采购费用分配率，再计

各种材料应负担的采购费用。分配公式如下:

采购费用分配率 = 采购费用总额 ÷ 各种材料的重量(买价)等分配标准之和

某种材料应负担的采购费用 = 该种材料的重量(买价)等分配标准 × 采购费用分配率

### (三) 供应过程的业务核算举例

以南方公司 2019 年 9 月份业务为例。

M4-5 供应过程业务核算

【例 4-2-1】南方公司从某企业购入甲材料一批,增值税专用发票上记录的货款为 50 000 元,增值税税额 6 500 元,另支付各种采购费用共计 1 500 元(不考虑相关税费)。材料已入库,全部款项通过银行付清。公司在进行账务处理时,应编制的会计分录为:

借:原材料——甲材料　　　　　　　　　　　51 500
　　应交税费——应交增值税(进项税额)　　 6 500
　　贷:银行存款　　　　　　　　　　　　　58 000

【例 4-2-2】南方公司从某企业购入甲材料一批,增值税专用发票上记录的货款为 50 000 元,增值税税额 6 500 元,另支付各种采购费用共计 1 500 元(不考虑相关税费)。材料已入库,账单发票已到,但款项尚未支付。公司在进行账务处理时,应编制的会计分录为:

借:原材料——甲材料　　　　　　　　　　　51 500
　　应交税费——应交增值税(进项税额)　　 6 500
　　贷:应付账款　　　　　　　　　　　　　58 000

【例 4-2-3】南方公司从某企业购入甲材料一批,增值税专用发票上记录的货款为 50 000 元,增值税税额 6 500 元,另支付各种采购费用共计 1 500 元(不考虑相关税费)。材料已入库,公司签发一张商业汇票予以承付。公司在进行账务处理时,应编制的会计分录为:

借:原材料——甲材料　　　　　　　　　　　51 500
　　应交税费——应交增值税(进项税额)　　 6 500
　　贷:应付票据　　　　　　　　　　　　　58 000

【例 4-2-4】承接【例 4-2-3】商业汇票到期,南方公司如期支付票款。公司在进行账务处理时,应编制的会计分录为:

借:应付票据　　　　　　　　　　　　　　　58 000
　　贷:银行存款　　　　　　　　　　　　　58 000

【例 4-2-5】南方公司从某企业购入下列材料:甲材料 120 000 元;乙材料 60 000 元,增值税税额 23 400 元。全部款项通过银行付清,材料未入库。公司在进行账务处理时,应编制的会计分录为:

借:在途物资——甲材料　　　　　　　　　 120 000
　　　　　　——乙材料　　　　　　　　　　60 000
　　应交税费——应交增值税(进项税额)　　23 400
　　贷:银行存款　　　　　　　　　　　　 203 400

【例 4-2-6】承接【例 4-2-5】南方公司将购入的甲、乙材料验收入库。公司在进行账务处理时,应编制的会计分录为:

借:原材料——甲材料　　　　　　　　　　 120 000
　　　　　——乙材料　　　　　　　　　　　60 000

　　　　贷：在途物资——甲材料　　　　　　　　　120 000
　　　　　　　　——乙材料　　　　　　　　　　 60 000

【例 4-2-7】南方公司按照合同规定用银行存款预付给某工厂采购丙材料的货款 200 000 元。公司在进行账务处理时，应编制的会计分录为：
　　　　借：预付账款——星海工厂　　　　　　　 200 000
　　　　　　贷：银行存款　　　　　　　　　　　 200 000

【例 4-2-8】接【例 4-2-7】南方公司收到上述工厂发运来的、前已预付货款的丙材料，并验收入库。随货物附来的发票注明该批丙材料的价款 420 000 元，增值税进项税额 54 600 元，除冲销原预付款 200 000 元外，不足款项立即用银行存款支付。另发生运杂费 5 000 元，用现金支付。公司在进行账务处理时，应编制的会计分录为：
　　　　借：原材料——丙材料　　　　　　　　　 425 000
　　　　　　应交税费——应交增值税（进项税额） 54 600
　　　　　　贷：预付账款——星海工厂　　　　　 200 000
　　　　　　　　银行存款　　　　　　　　　　　 274 600
　　　　　　　　库存现金　　　　　　　　　　　 5 000

## 任务三　产品生产过程业务核算

### 一、生产过程业务的主要经济业务

生产过程是指工业企业从材料投料生产到产品完工，经过一系列的加工，生产出产品的过程。在生产过程中，主要是劳动者运用劳动工具，直接或间接地作用于劳动对象，使之按产品生产计划或者客户的订单组织产品的生产。

#### （一）生产费用和生产成本

生产费用是指企业在一定时期发生的、能够用货币表现的生产耗费。主要包括：进行产品生产会消耗在供应过程中储备的原材料，形成材料费用；消耗在投资活动中形成的各种固定资产，形成折旧费；生产工人和管理人员的工资形成工薪费用；房屋、机器设备等固定资产的修理支出形成修理费用；为组织和管理产品生产活动而发生的其他生产耗费，例如办公费、劳动保护费、水电费等。

生产成本是按照一定的规则和方法进行归集和分配到某一成本计算对象上的生产费用。

总之，生产费用的发生是产品生产成本形成的基础和前提，生产成本是生产费用计入一定产品之后的结果。生产成本是对象化的费用。

#### （二）生产费用的分类

生产费用按计入产品成本的方法不同分为直接费用和间接费用。

直接计入费用是指可以分清哪种产品所耗用、可以直接计入某种产品成本的费用。主要包括直接材料和直接人工费。直接材料是指企业生产产品和提供劳务的过程中所消耗的、直接用于产品生产、构成产品实体的各种材料及主要材料、外购半成品以及有助于产品形成的辅助材料等。直接人工费是指企业支付给直接参与产品生产的生产工人工资以及按规定的比例提取的职工福利费。

间接费用是指为生产产品而发生的不能直接计入产品生产成本的费用。通常称为"制造费用"。主要包括车间管理人员的薪酬、固定资产折旧费、办公费、劳保费、机物料消耗等。

## 二、应设置的主要账户

为了归集、分配生产费用，计算产品成本，企业生产过程的业务核算设置的主要账户有"生产成本""制造费用""管理费用""应付职工薪酬""累计折旧""库存商品"等。

M4-6 生产过程业务账户设置

### （一）"生产成本"账户

（1）账户性质。成本类账户。
（2）核算内容。用于归集产品生产过程中所发生的一切直接费用。
（3）账户结构

生产成本

| 借 | 贷 |
|---|---|
| ① 直接材料<br>② 直接人工<br>③ 其他直接费用<br>④ 分配的制造费用 | 转出的完工入库产品成本 |
| 期末余额：尚未完工的在产品成本 | |

（4）明细账设置。按照产品成本计算对象（例如产品的品种、批别等）设置明细账户，进行明细分类核算。

### （二）"制造费用"账户

（1）账户性质。成本类账户。
（2）核算内容。用来归集和分配企业生产车间范围内为组织生产和管理生产而发生的各项间接费用。包括车间管理人员的工资及福利费、折旧费、修理费、办公费、水电费、机物料消耗、劳动保护费、季节性修理期间的停工损失等以及其他不能直接计入产品生产成本的费用。
（3）账户结构

制造费用

| 借 | 贷 |
|---|---|
| 归集各项制造费用的发生数 | 分配转入产品成本的制造费用 |

注意：此账户期末一般没有余额。

（4）明细账设置。按照生产车间设置明细账户，并在账内按费用项目设置专栏，进行明细分类核算。

### （三）"管理费用"账户

（1）账户性质。损益类账户。

（2）核算内容：用以归集和分配企业行政管理部门为组织生产和管理生产而发生的各项费用。管理费用属于期间费用，主要包括管理人员工资、职工福利费、差旅费、办公费、董事会会费、折旧费、修理费、低值易耗品摊销等。

（3）账户结构

注意：此账户期末一般没有余额。

（4）明细账设置。按照管理费用项目设置明细账户，进行明细分类核算。

### （四）"应付职工薪酬"账户

职工薪酬是指职工在职期间和离职后提供给职工的全部货币性薪酬和非货币性薪酬，既包括提供给职工本人的薪酬，也包括提供给职工配偶、子女或其他被赡养人的福利等。

（1）账户性质。负债类账户。

（2）核算内容。用以核算和监督企业应付职工薪酬的提取、结算、使用等情况。主要包括工资、奖金、职工福利、社会保险费、住房公积金、工会经费、职工教育经费、解除职工劳动关系补偿、非货币性福利、其他与获得职工提供的服务相关的支出等。

（3）账户结构

（4）明细账设置。按照工资、职工福利、社会保险费、住房公积金、工会经费、职工教育经费、非货币性福利等进行明细核算。

### （五）"库存商品"账户

（1）账户性质。资产类账户。

（2）核算内容：用以核算企业库存商品的增减变动及其结存成本。

（3）账户结构

（4）明细账设置。按照种类、品种、规格、存放地点等设置明细账户，进行明细分类核算。

## 三、生产过程业务核算举例

### (一) 材料费用的归集和分配

【例 4-3-1】南方公司 9 月 6 日仓库发出材料如表 4-1 所示。

M4-7 材料费用核算

表 4-1 材料耗用汇总表

| 材料名称<br>用途 | 乙材料 | | 丙材料 | | 金额合计/元 |
| --- | --- | --- | --- | --- | --- |
| | 数量/千克 | 金额/元 | 数量/千克 | 金额/元 | |
| (1) 产品生产耗用 | 10 000 | 240 000 | 7 000 | 140 000 | 380 000 |
| A 产品 | 6 000 | 144 000 | 4 000 | 80 000 | 224 000 |
| B 产品 | 4 000 | 96 000 | 3 000 | 60 000 | 156 000 |
| (2) 车间管理部门 | 1 000 | 24 000 | | | 24 000 |
| (3) 行政管理部门耗用 | | | 600 | 12 000 | 12 000 |
| 合计 | 11 000 | 264 000 | 7 500 | 170 000 | 416 000 |

会计分录如下:
借: 生产成本——A 产品 (直接材料)　　224 000
　　　　　　——B 产品 (直接材料)　　156 000
　　制造费用——材料费　　　　　　　　24 000
　　管理费用——材料费　　　　　　　　12 000
　　贷: 原材料——丙材料　　　　　　　264 000
　　　　　　——乙材料　　　　　　　　170 000

### (二) 人工费用的归集和分配

【例 4-3-2】南方公司 9 月份工资费用汇总表上列示 A 产品工人的工资为 240 000 元,B 产品工人的工资为 160 000 元,车间管理人员的工资为 70 000 元,企业行政管理人员的工资为 90 000 元。

M4-8 人工费用核算

会计分录如下:
借: 生产成本——A 产品 (直接人工)　　240 000
　　　　　　——B 产品 (直接人工)　　160 000
　　制造费用——人工费　　　　　　　　70 000
　　管理费用——人工费　　　　　　　　90 000
　　贷: 应付职工薪酬——工资　　　　　560 000

【例 4-3-3】根据【例 4-3-2】按照工资总额提取福利费。

会计分录如下:
借: 生产成本——A 产品 (直接人工)　　33 600
　　　　　　——B 产品 (直接人工)　　22 400
　　制造费用——人工费　　　　　　　　9 800
　　管理费用——人工费　　　　　　　　12 600
　　贷: 应付职工薪酬——职工福利费　　78 400

## （三）制造费用的归集和分配

制造费用一般是间接计入成本，在生产多种产品的企业里，当制造费用发生时一般无法直接判定它所归属的成本计算对象，因而不能直接计入所生产的产品成本中去，需要按费用发生的地点先行归集，月终时再采用一定的方法在各成本计算对象间进行分配，计入各成本计算对象的成本中。制作费用分配标准可以采用生产工时、生产工人工资、机器工时等。计算公式如下：

M4-9 制造费用核算

$$分配率 = 制造费用总额 \div 分配标准合计$$

【例 4-3-4】南方公司本月份生产车间购买办公用品 5 000 元，用银行存款支付。

借：制造费用——办公费　　　　5 000
　　贷：银行存款　　　　　　　　　　5 000

【例 4-3-5】假设南方公司本月共发生制造费用 240 000 元，其中 A 产品耗用的生产工时为 120 000 小时，B 产品耗用的生产工时为 80 000 小时。

要求：按生产工人工时比例分配制造费用，编制制造费用分配表并结转制造费用。计算过程如下：

制造费用分配率 =240 000÷（120 000+80 000）=1.2（元 / 小时）
A 产品负担的制造费用 =1.2×120 000=144 000（元）
B 产品负担的制造费用 =1.2×80 000=96 000（元）

制造费用分配表如表 4-2 所示。

表 4-2　制造费用分配表

| 产品名称 | 生产工时 / 小时 | 分配率 | 分配金额 / 元 |
| --- | --- | --- | --- |
| A 产品 | 120 000 |  | 144 000 |
| B 产品 | 80 000 | 1.2 | 96 000 |
| 合计 | 200 000 |  | 240 000 |

会计分录如下：

借：生产成本——A 产品（制造费用）　　　144 000
　　　　　　——B 产品（制造费用）　　　 96 000
　　贷：制造费用　　　　　　　　　　　　240 000

## （四）完工产品生产成本的计算与结转

产品生产费用通过前述的费用归集和分配后，企业将各月生产产品所发生的生产费用已经记入"生产成本"科目的借方。最后就可以将归集到某种产品的各项费用在本月完工产品和月末在产品之间进行分配，确定完工产品的成本。

M4-10 完工产品生产成本的计算结转

（1）如果月末某种产品全部完工，该种产品生产成本明细账所归集的费用总额就是该种完工产品的总成本，用完工产品总成本除以该种产品的完工总产量即可计算出该种产品的单位成本。

（2）如果月末某种产品全部未完工，该种产品生产成本明细账所归集的费用总额就是该种产品在产品的总成本。

（3）如果月末某种产品一部分完工，一部分未完工，这时归集在产品成本明细账中的费用总额还要采取适当的分配方法在完工产品和在产品之间进行分配，然后才能计算出完工产品的总成本和单位成本。

完工产品成本的计算公式如下：

完工产品生产成本 = 期初在产品成本 + 本期发生的生产费用 − 期末在产品成本

【例4-3-6】以本月份业务资料发生的材料费、人工费、制造费用计算A、B产品成本。假设没有期初在产品，本月产品全部完工。根据上述资料，确定本月完工产品的成本。生产成本总分类账如表4-3所示；生产成本明细账如表4-4、表4-5所示；产品成本计算单如表4-6、表4-7所示。

表4-3 生产成本总分类账

单位：元

| 2019年 | | 凭证字号 | 摘要 | 借方 | 贷方 | 借或贷 | 余额 |
| --- | --- | --- | --- | --- | --- | --- | --- |
| 月 | 日 | | | | | | |
| 9 | 1 | | 期初余额 | | | 借 | 0 |
| | | 3-1 | 生产A、B产品耗用的材料 | 380 000 | | 借 | 380 000 |
| | | 3-2 | 生产工人工资 | 400 000 | | 借 | 780 000 |
| 略 | 略 | 3-3 | 生产工人福利费 | 56 000 | | 借 | 836 000 |
| | | 3-6 | 分配制造费用 | 240 000 | | 借 | 1 076 000 |
| | | 3-7 | 结转完工产品成本 | | 1 076 000 | 平 | 0 |

表4-4 生产成本明细账

产品名称：A产品　　　　　　　　　　　　　　　　　　　　　　　　　　单位：元

| 2019年 | | 凭证字号 | 摘要 | 借方 | 贷方 | 借或贷 | 余额 |
| --- | --- | --- | --- | --- | --- | --- | --- |
| 月 | 日 | | | | | | |
| 9 | 1 | | 期初余额 | | | 借 | 0 |
| | | 3-1 | 生产A、B产品耗用的材料 | 224 000 | | 借 | 224 000 |
| | | 3-2 | 生产工人工资 | 240 000 | | 借 | 464 000 |
| 略 | 略 | 3-3 | 生产工人福利费 | 33 600 | | 借 | 497 600 |
| | | 3-6 | 分配制造费用 | 144 000 | | 借 | 641 600 |
| | | 3-7 | 结转完工产品成本 | | 641 600 | 平 | 0 |

表4-5 生产成本明细账

产品名称：B产品　　　　　　　　　　　　　　　　　　　　　　　　　　单位：元

| 2019年 | | 凭证字号 | 摘要 | 借方 | 贷方 | 借或贷 | 余额 |
| --- | --- | --- | --- | --- | --- | --- | --- |
| 月 | 日 | | | | | | |
| 9 | 1 | | 期初余额 | | | 借 | 0 |
| | | 3-1 | 生产A、B产品耗用的材料 | 156 000 | | 借 | 156 000 |
| | | 3-2 | 生产工人工资 | 160 000 | | 借 | 316 000 |
| 略 | 略 | 3-3 | 生产工人福利费 | 22 400 | | 借 | 338 400 |
| | | 3-6 | 分配制造费用 | 96 000 | | 借 | 434 400 |
| | | 3-7 | 结转完工产品成本 | | 434 400 | 平 | 0 |

表4-6  A产品成本计算单

完工产品数量：100件　　　　在产品数量：0　　　　单位：元

| 项目 | 直接材料 | 直接人工 | 制造费用 | 合计 |
| --- | --- | --- | --- | --- |
| 期初在产品成本 | 0 | 0 | 0 | 0 |
| 本期生产费用 | 224 000 | 273 600 | 144 000 | 641 600 |
| 合计 | 224 000 | 273 600 | 144 000 | 641 600 |
| 费用分配率 | 2 240 | 2 736 | 1 440 | 6 416 |
| 完工产品成本 | 224 000 | 273 600 | 144 000 | 641 600 |
| 单位产品成本 | 2 240 | 2 736 | 1 440 | 6 416 |

表4-7  B产品成本计算单

完工产品数量：1 000件　　　　在产品数量：0　　　　单位：元

| 项目 | 直接材料 | 直接人工 | 制造费用 | 合计 |
| --- | --- | --- | --- | --- |
| 期初在产品成本 | 0 | 0 | 0 | 0 |
| 本期生产费用 | 156 000 | 182 400 | 96 000 | 434 400 |
| 合计 | 156 000 | 182 400 | 96 000 | 434 400 |
| 费用分配率 | 156 | 182.4 | 96 | 434.4 |
| 完工产品成本 | 156 000 | 182 400 | 96 000 | 434 400 |
| 单位产品成本 | 156 | 182.4 | 96 | 434.4 |

【例4-3-7】南方公司本月完工并验收入库A产品100件，总成本641 600元；验收入库B产品1 000件，总成本434 400元。

会计分录如下：
借：库存商品——A产品　　　　641 600
　　　　　　——B产品　　　　434 400
　贷：生产成本——A产品　　　　641 600
　　　　　　——B产品　　　　434 400

## 任务四　销售过程业务核算

### 一、销售过程的主要经济业务

销售过程是工业企业生产过程的最后一个阶段，是产品价值的实现过程，其主要任务是把产品销售出去，同时取得销售收入，使企业的生产耗费得到补偿。为了顺利的实现产品的销售收入，还会发生包装、广告、运输等销售费用，还要按国家的有关规定计算交纳税费。因此销售过程核算的主要内容包括确认销售收入、与购货方办理价款的结算、结转销售成本、支付各种销售费用、计算交纳各种税费。

### 二、销售商品确认收入的条件

收入是指企业在日常活动中形成的、会导致所有者权益增加的、与所有者投入资本无关的经济利益的总流入。

企业应当在履行了合同中的履约义务,即在客户取得相关商品控制权时确认收入。取得相关商品控制权,是指能够主导该商品的使用并从中获得几乎全部的经济利益。

当企业与客户之间的合同同时满足下列条件时,企业应当在客户取得相关商品控制权时确认收入。

M4-11 收入的确认

① 合同各方已批准该合同并承诺将履行各自义务;
② 该合同明确了合同各方与所转让商品或提供劳务相关的权利和义务;
③ 该合同有明确的与所转让商品相关的支付条款;
④ 该合同具有商业实质,即履行该合同将改变企业未来现金流量的风险、时间分布或金额;
⑤ 企业因向客户转让商品而有权取得的对价很可能收回。

### 三、应设置的主要账户

企业销售过程的业务核算需要设置的主要账户有:"主营业务收入""主营业务成本""其他业务收入""其他业务成本""销售费用""税金及附加""应收票据""应收账款"和"预收账款"账户等。

#### (一)"主营业务收入"账户

(1)账户性质。损益类。
(2)核算内容。用来核算企业根据收入准则确认的销售商品、提供劳务等主营业务的收入。
(3)账户结构

主营业务收入

| 借 | 贷 |
| --- | --- |
| 发生销售退回和销售折让及期末转入"本年利润"账户的主营业务收入 | 企业销售商品或提供劳务实现的销售的收入 |

期末结转后账户无余额。

(4)明细账设置。应按照主营业务的种类设置明细账户,进行明细分类核算。

#### (二)"主营业务成本"账户

(1)账户性质。损益类。
(2)核算内容。核算企业根据收入准则确认销售商品、提供劳务等主营业务收入时应结转的成本。
(3)账户结构

主营业务成本

| 借 | 贷 |
| --- | --- |
| 销售各种商品、提供的各种劳务的实际成本 | 期末转入"本年利润"账户的主营业务成本 |

期末结转后账户无余额。

(4)明细账设置。应按照主营业务的种类设置明细账户,进行明细分类核算。

### (三)"其他业务收入"账户

(1)账户性质。损益类。

(2)核算内容。核算企业根据收入准则确认的除主营业务以外的其他经营活动实现的收入,包括出租固定资产、出租无形资产、出租包装物和商品、销售材料等实现的收入。

(3)账户结构

期末结转后账户无余额。

(4)明细账设置。应当按照其他业务收入种类设置明细账户,进行明细分类核算。

### (四)"其他业务成本"账户

(1)账户性质。损益类。

(2)核算内容。用来核算企业确认的除主营业务活动以外的其他经营活动所发生的支出,包括销售材料的成本、出租固定资产的折旧额、出租无形资产的摊销额、出租包装物的成本或摊销额等。

(3)账户结构

期末结转后账户无余额。

(4)明细账设置。应当按照其他业务支出的种类设置明细账户,进行明细分类核算。

主营业务和其他业务的划分并不是绝对的,一个企业的主营业务可能是另一个企业的其他业务,即便在同一个企业,不同期间的主营业务和其他业务的内容也不是固定不变的。

### (五)"销售费用"账户

(1)账户性质。损益类。

(2)核算内容。核算企业销售商品和材料、提供劳务的过程中发生的各种费用。

(3)账户结构

期末结转后账户无余额。

（4）明细账设置。应当按照费用项目设置明细账户，进行明细分类核算。

### （六）"税金及附加"账户

（1）账户性质。损益类。

（2）核算内容。核算企业经营活动发生的消费税、城市维护建设税、资源税、教育费附加及房产税、土地使用税、车船使用税、印花税等相关税费。

（3）账户结构

税金及附加

| 借 | 贷 |
| --- | --- |
| 计算确定的与经营活动相关的税费 | 期末转入"本年利润"账户的税金及附加 |

期末结转后账户无余额。

（4）明细账设置。应当按照税费的种类设置明细账户，进行明细分类核算。

### （七）"应收票据"账户

（1）账户性质。资产类。

（2）核算内容。核算企业因销售商品、产品、提供劳务等而收到的商业汇票，包括银行承兑汇票和商业承兑汇票。

（3）账户结构

应收票据

| 借 | 贷 |
| --- | --- |
| 取得商业汇票的面值 | 到期或未到期转让的持有商业汇票的面值 |
| 期末余额：反映企业持有的商业汇票的票面金额 | |

（4）明细账设置。企业应当按照开出、承兑商业汇票的单位设置明细账户，进行明细分类核算。

### （八）"应收账款"账户

（1）账户性质。资产类。

（2）核算内容。核算企业因销售商品、产品、提供劳务等经营活动应收取的款项。

（3）账户结构

应收账款

| 借 | 贷 |
| --- | --- |
| 应收取的价款、税款和代垫款等 | 已经收回的应收账款 |
| 余额在借方反映企业尚未收回的应收账款 | 余额在贷方反映企业预收的账款 |

(4)明细账设置。应当按照债务人设置明细账户,进行明细分类核算。

### (九)"预收账款"账户

(1)账户性质。负债类。
(2)核算内容。用来核算企业按照合同规定向购货单位预收的款项。
(3)账户结构

预收账款

| 借 | 贷 |
|---|---|
| 销售实现时按收入转销的预收款 | 企业向购货单位预收的款项 |
| 余额在借方反映企业已转销但尚未收取的款项 | 余额在贷方反映企业向购货单位预收的款项 |

(4)明细账设置。应按购货单位设置明细账户,进行明细分类核算。

注意:预收账款情况不多的,也可以不设置本账户,将预收的款项直接记入"应收账款"账户。

### 四、销售过程业务核算举例

#### (一)制造业销售商品常见的方式

制造业销售商品常见的方式有正常的销售方式和预收款方式销售。

**1. 正常的销售方式**

包括商品已经发出,同时收到货款(现款现货)和商品已经发出货款未收两种方式。

销售实现时,按销售价款贷记主营业务收入,按开出的增值税专用发票上注明的增值税税额贷记应交税费——应交增值税(销项税额)。如果收到货款按价税合计借记银行存款,如果是赊销按价税合计借记应收账款,如果收到对方开出的商业汇票,按票面金额借记应收票据。同时结转销售成本,按成本价借记主营业务成本,贷记库存商品。

**2. 预收款方式销售**

预收款时,按实际收到的款项借记银行存款,贷记预收账款,发出商品确认收入时,按销售的价款贷记主营业务收入,按增值税专用发票上注明的增值税税额贷记应交税费——应交增值税(销项税额),按价税合计借记预收账款,同时结转销售成本,按成本价借记主营业务成本,贷记库存商品。补付货款时借记银行存款,贷记预收账款。

#### (二)销售过程业务核算举例

以南方公司2019年9月业务为例。

【例4-4-1】南方公司销售商品,开出的增值税专用发票上注明售价为20 000元,增值税税额为2 600元;商品已经发出,款项已收到存入银行;该批商品的成本为14 000元。公司在进行账务处理时,应编制的会计分录为:

(1)确认收入时
借:银行存款　　　　　　　　　　　　　　22 600
　　贷:主营业务收入　　　　　　　　　　20 000

应交税费——应交增值税（销项税额）　　　2 600
（2）结转成本时
　　借：主营业务成本　　　　　　　　　　　　14 000
　　　　贷：库存商品　　　　　　　　　　　　　14 000

【例4-4-2】南方公司销售商品给丁公司，开出的增值税专用发票上注明售价为50 000元，增值税税额为6 500元；商品发出并办妥托收手续，款项尚未收到；该批商品的成本为35 000元。公司在进行账务处理时，应编制的会计分录为：
（1）确认收入时
　　借：应收账款——丁公司　　　　　　　　　56 500
　　　　贷：主营业务收入　　　　　　　　　　　50 000
　　　　　　应交税费——应交增值税（销项税额）　6 500
（2）结转成本时
　　借：主营业务成本　　　　　　　　　　　　35 000
　　　　贷：库存商品　　　　　　　　　　　　　35 000

【例4-4-3】南方公司销售商品给甲公司，开出的增值税专用发票上注明售价为30 000元，增值税税额为3 900元；商品发出并收到甲公司开出33 900元的商业承兑汇票一张；该批商品的成本为21 000元。公司在进行账务处理时，应编制的会计分录为：
（1）确认收入时
　　借：应收票据——甲公司　　　　　　　　　33 900
　　　　贷：主营业务收入　　　　　　　　　　　30 000
　　　　　　应交税费——应交增值税（销项税额）　3 900
（2）结转成本时
　　借：主营业务成本　　　　　　　　　　　　21 000
　　　　贷：库存商品　　　　　　　　　　　　　21 000

【例4-4-4】南方公司与丙公司签订协议，采用分期预收款方式向丙公司销售一批商品。该批商品实际成本为14 000元。协议约定，该批商品销售价格为20 000元；乙公司应在协议签订时预付60%的货款（按不含增值税销售价格计算），剩余货款于货物发出时支付。南方公司的账务处理如下：
（1）收到60%的货款
　　借：银行存款　　　　　　　　　　　　　　12 000
　　　　贷：预收账款——丙公司　　　　　　　　12 000
（2）发出货物时补收货款，确认收入并结转成本
　　借：预收账款——丙公司　　　　　　　　　12 000
　　　　银行存款　　　　　　　　　　　　　　10 600
　　　　贷：主营业务收入　　　　　　　　　　　20 000
　　　　　　应交税费——应交增值税（销项税额）　2 600
　　借：主营业务成本　　　　　　　　　　　　14 000
　　　　贷：库存商品　　　　　　　　　　　　　14 000

【例4-4-5】南方公司本期实际应上交增值税300 000元，消费税146 000元，城市维护建设税税率为7%，教育费附加率3%。计算城市维护建设税、教育费附加。

应交的城建税 =（300 000+146 000）×7%=31 220（元）
应交的教育费附加 =（300 000+146 000）×3%=13 380（元）

（1）计提城建税及教育费附加

借：税金及附加　　　　　　　　　　　　　　44 600
　　贷：应交税费——应交城市维护建设税　　　　　31 220
　　　　　　　——应交教育费附加　　　　　　　　13 380

（2）交纳

借：应交税费——应交城市维护建设税　　　　31 220
　　　　　——应交教育费附加　　　　　　　13 380
　　贷：银行存款　　　　　　　　　　　　　　　　44 600

【例4-4-6】南方公司为宣传新产品发生广告费50 000元，均用银行存款支付。南方公司会计处理如下：

借：销售费用——广告费　　　　　　　　　　50 000
　　贷：银行存款　　　　　　　　　　　　　　　　50 000

【例4-4-7】南方公司销售一批原材料，开出的增值税专用发票上注明的售价为1 000元，增值税税额为130元，款项已由银行收妥。该批原材料的实际成本为800元。南方公司会计处理如下：

（1）取得原材料销售收入

借：银行存款　　　　　　　　　　　　　　　1 130
　　贷：其他业务收入　　　　　　　　　　　　　　1 000
　　　　应交税费——应交增值税（销项税额）　　　130

（2）结转已销原材料的实际成本

借：其他业务成本　　　　　　　　　　　　　8 00
　　贷：原材料　　　　　　　　　　　　　　　　　8 00

# 任务五　财务成果业务核算

## 一、财务成果核算的主要经济业务

财务成果是企业在一定时间内全部经营活动在财务上取得的经营成果，是经济业务核算的最后一个环节。财务成果的核算包括利润的计算和利润的分配。

## 二、利润计算

企业的首要目的是追逐利润，利润是企业在一定期间的经营成果，是企业的收入减去费用后的差额。收入大于费用即为盈利，小于费用即为亏损。具体包括营业利润的计算、总利润的计算和净利润的计算。

（1）营业利润＝营业收入－营业成本－税金及附加－期间费用－资产减值损失＋投资收益（或减投资损失）＋公允价值变动收益（或减公允价值变动损失）

M4-13 利润计算

【知识链接】
（1）营业收入＝主营业务收入＋其他业务收入
（2）营业成本＝主营业务成本＋其他业务成本
（3）期间费用包括销售费用、管理费用和财务费用
（4）公允价值变动损益：短期投资未实现的损失和收益
（5）投资收益：投资已实现的损失和收益
（6）资产减值损失：投资外未实现的损失

（2）利润总额＝营业利润＋营业外收入－营业外支出
（3）净利润＝利润总额－所得税费用

### 三、利润分配

利润分配是指企业根据国家有关规定和企业章程、投资者协议等，对企业当年可供分配利润指定其特定用途和分配给投资者的行为。

M4-14 利润分配

利润分配的顺序如下。

第一步计算可供分配利润。

可供分配利润＝本年净利润（或亏损）＋年初未分配利润（或减弥补以前年度的亏损）＋其他转入的金额

第二步提取法定盈余公积。

按照《公司法》的有关规定，公司应当按照当年抵减年初累计亏损后净利润的 10% 提取法定盈余公积，提取的法定盈余公积累计额超过注册资本 50% 以上的，可以不再提取。

第三步提取任意盈余公积。

公司提取法定盈余公积后，经股东会或者股东大会决议，还可以从净利润中提取任意盈余公积。

第四步向投资者分配利润。

企业可供分配的利润扣除提取的盈余公积后，形成可供投资者分配的利润。

### 四、应设置的主要账户

#### （一）"本年利润"账户

（1）账户性质。所有者权益账户。
（2）核算内容。用来核算企业当年实现的净利润（或发生的净亏损）。
（3）账户结构

本年利润

| 借 | 贷 |
| --- | --- |
| 企业期末转入的费用和损失 | 企业期末转入的收入和利得 |
| 余额在借方为净亏损 | 余额在贷方为净利润 |

企业期末结转利润时，应将各损益类账户的余额转入本账户，结平各损益类账户。年度

终了，应将本年收入和支出相抵后结出的本年实现的净利润（或发生的净亏损），转入"利润分配——未分配利润"账户贷方（或借方），结转后本账户无余额。

### （二）"投资收益"账户

（1）账户性质。损益类（收入）账户。
（2）核算内容。用来核算企业对外投资取得的收益或发生的损失。
（3）账户结构

期末结转后账户无余额。
（4）明细账设置。按照投资收益种类设置明细账，进行明细分类核算。

### （三）"营业外收入"账户

（1）账户性质。损益类（收入）账户。
（2）核算内容。用来核算企业发生的与企业生产经营无直接关系的各项收入。
（3）账户结构

期末结转后账户无余额。
（4）明细账设置。按照收入项目设置明细账，进行明细分类核算。

### （四）"营业外支出"账户

（1）账户性质。损益类（费用）账户。
（2）核算内容。是用来核算企业发生的与企业生产经营无直接关系的各项支出。
（3）账户结构

期末结转后账户无余额。
（4）明细账设置。按照支出项目设置明细账，进行明细分类核算。

### （五）"所得税费用"账户

（1）账户性质。损益类（费用）账户。
（2）核算内容。用来核算企业根据所得税准则确认的应从当期利润总额中扣除的所得税费用。

(3)账户结构

所得税费用

| 借 | 贷 |
|---|---|
| 计算的应纳所得税额 | 期末转入"本年利润"账户 |

期末结转后账户无余额。

(4)明细账设置。按照"当期所得税费用""递延所得税费用"设置明细账,进行明细分类核算。

### (六)"利润分配"账户

(1)账户性质。所有者权益账户。

(2)核算内容。核算企业利润的分配(或亏损的弥补)和历年分配(或弥补)后的积存余额。

(3)账户结构

利润分配

| 借 | 贷 |
|---|---|
| 年末从"本年利润"账户转入的全年发生的净亏损和实际分配的利润 | 年末从"本年利润"账户转入的全年实现的净利润 |
| 余额在借方为累计的未弥补亏损 | 余额在贷方为累计的未分配利润 |

(4)明细科目设置。利润分配设置"提取法定盈余公积""提取任意盈余公积""应付现金股利或利润""转作股本的股利""盈余公积补亏"和"未分配利润"等明细科目,进行明细分类核算。

### (七)"盈余公积"账户

(1)账户性质。所有者权益账户。

(2)核算内容。用来核算企业从净利润中提取的盈余公积

(3)账户结构

盈余公积

| 借 | 贷 |
|---|---|
| 实际使用的盈余公积 | 提取的盈余公积 |
|  | 期末余额:反映企业结余的盈余公积 |

(4)明细科目设置。本科目应当分别设置"法定盈余公积""任意盈余公积"等二级科目,进行明细分类核算。

### (八)"应付股利"账户

(1)账户性质。负债类账户。

(2)核算内容。用来核算企业分配的现金股利或利润。

（3）账户结构

<table>
<tr><td colspan="2" align="center">应付股利</td></tr>
<tr><td align="center">借</td><td align="center">贷</td></tr>
<tr><td>实际支付给投资者的现金股利</td><td>应付给投资者的现金股利</td></tr>
<tr><td></td><td>期末余额：反映企业尚未支付的现金股利或利润</td></tr>
</table>

（4）明细科目设置。本科目应当按照投资者设置明细账户，进行明细分类核算。

## 五、财务成果业务核算举例

【例 4-5-1】南方公司 2019 年有关损益类账户的年末余额如表 4-8 所示。

表 4-8　损益类账户年末余额

| 账户名称 | 结账前余额/元 | |
| --- | --- | --- |
| | 借方 | 贷方 |
| 主营业务收入 | | 5 000 000 |
| 其他业务收入 | | 800 000 |
| 投资收益 | | 600 000 |
| 营业外收入 | | 100 000 |
| 主营业务成本 | 3 500 000 | |
| 其他业务成本 | 500 000 | |
| 税金及附加 | 100 000 | |
| 销售费用 | 200 000 | |
| 管理费用 | 800 000 | |
| 财务费用 | 200 000 | |
| 资产减值损失 | 100 000 | |
| 营业外支出 | 100 000 | |

（1）结转各项收入和利得类账户

借：主营业务收入　　　　　　　5 000 000
　　其他业务收入　　　　　　　　800 000
　　投资收益　　　　　　　　　　600 000
　　营业外收入　　　　　　　　　100 000
　　贷：本年利润　　　　　　　6 500 000

通过各项收入、利得类科目借方转入本年利润的贷方，共计 6 500 000 元。

（2）结转各项费用、损失类科目

借：本年利润　　　　　　　　　5 500 000
　　贷：主营业务成本　　　　　3 500 000
　　　　其他业务成本　　　　　　500 000
　　　　税金及附加　　　　　　　100 000

| | |
|---|---|
| 销售费用 | 200 000 |
| 管理费用 | 800 000 |
| 财务费用 | 200 000 |
| 资产减值损失 | 100 000 |
| 营业外支出 | 100 000 |

通过各项费用、损失类科目贷方转入本年利润的借方，共计 5 500 000 元。

利润总额 =6 500 000−5 500 000=1 000 000（元）

应交所得税额 = 应纳税所得额 × 所得税税率

【例 4-5-2】承【例 4-5-1】南方公司 2019 年全年利润总额为 1 000 000 元，所得税税率为 25%，假定南方公司全年无纳税调整事项。

当期应交所得税额 =1 000 000×25%=250 000（元）

（1）确认应交所得税时

| | |
|---|---|
| 借：所得税费用 | 250 000 |
|  贷：应交税费——应交所得税 | 250 000 |

（2）实际上交所得税时

| | |
|---|---|
| 借：应交税费——应交所得税 | 250 000 |
|  贷：银行存款 | 250 000 |

（3）将所得税费用结转计入"本年利润"账户的借方：

| | |
|---|---|
| 借：本年利润 | 250 000 |
|  贷：所得税费用 | 250 000 |

净利润 =1 000 000−250 000=750 000（元）

【例 4-5-3】南方公司年初未分配利润为 200 000 元，本年净利润为 750 000 元，企业分别按公司净利润的 10% 和 20% 提取法定盈余公积和任意盈余公积，按净利润的 30% 向股东分配现金股利。

提取法定盈余公积为 75×10%=75 000（元）

提取任意盈余公积为 75×20%=150 000（元）

向投资者分配的现金股利为 75×30%=225 000（元）

会计处理如下：

| | |
|---|---|
| 借：利润分配——提取法定盈余公积 | 75 00 |
|    ——提取任意盈余公积 | 150 000 |
|    ——应付现金股利 | 225 000 |
|  贷：盈余公积——法定盈余公积 | 75 000 |
|     ——任意盈余公积 | 150 000 |
|   应付股利 | 225 000 |

同时，

| | |
|---|---|
| 借：利润分配——未分配利润 | 450 000 |
|  贷：利润分配——提取法定盈余公积 | 75 000 |
|     ——提取任意盈余公积 | 150 000 |
|     ——应付现金股利 | 225 000 |

利润分配二级科目提取法定盈余公积、提取任意盈余公积、应付现金股利一借一贷无实

际意义，在此说明利润分配的去向。

该公司期末未分配利润 =200 000+750 000−450 000=500 000（元）

**【课后思考】**

1. 企业的资金筹集业务按其资金来源分为哪几种？
2. 材料的采购成本如何计算？
3. 生产费用的构成有哪些？
4. 应付职工薪酬核算哪些内容？
5. 销售商品收入的确认条件是什么？
6. 期间费用包括哪些？
7. 如何计算企业的营业利润、总利润和净利润？
8. 利润的分配顺序是什么？

## 项目五

# 填制和审核会计凭证

【学习目标】

1. 了解会计凭证的作用与种类、传递和保管；
2. 熟悉原始凭证和记账凭证的填制要求；
3. 会正确填制原始凭证和记账凭证；
4. 能够对原始凭证和记账凭证的正确性进行审核；
5. 能够对会计凭证进行正确的装订保管。

【引导案例】

　　小张毕业后应聘到一家企业做财务工作。2019年9月16日，企业销售产品一批，增值专用发票注明价款200 000元，增值税26 000元，收到对方开出为期三个月的商业汇票一张。小张依据上述票据资料，编制出如图5-1所示记账凭证。请问小张编制的记账凭证正确吗？

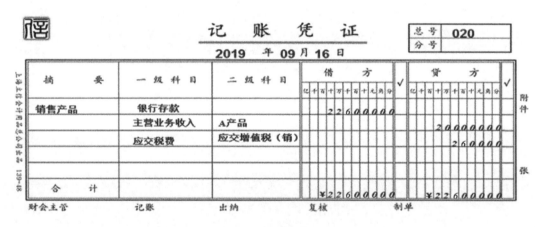

图 5-1　记账凭证

## 任务一　认识会计凭证

### 一、会计凭证的作用

　　会计凭证是记录经济业务事项的发生和完成情况，明确经济责任，并作为登记账簿依据的书面证明。会计工作的重要特点之一，即重凭证，一切款项物资的收付和账务处理都要以凭证为依据。

任何一个企事业单位，对所发生的每一项经济业务事项都必须按照规定的程序和要求，由经办人员填制或取得会计凭证，以此证明经济业务的发生或完成情况。会计凭证须载明经济业务的内容、数量、金额，并签名盖章，有的还要加盖公章，以明确对该项经济业务的真实性、完整性所负的责任。会计凭证记载内容和格式，必须符合国家统一的会计制度的规定。一切会计凭证都应经过专人严格的审核，只有审核无误的凭证，才能作为记账的依据。任何单位和个人不得伪造、变造会计凭证。使用计算机进行会计核算的企业，其软件生成的会计凭证也必须符合国家统一的会计制度的规定。

【想一想】
在日常生活中坐车取得的车票、购物取得的发票是不是会计凭证？

填制和审核会计凭证是会计核算的基础工作和关键环节。做好会计凭证的填制、取得和审核工作，对提高会计核算质量和管理水平，具有重要的作用，如图 5-2 所示。

## 二、会计凭证的种类

会计凭证的种类很多，最基本的分类方法是按会计凭证的填制程序和用途进行分类。会计凭证按其填制程序和用途不同可分为原始凭证和记账凭证两大类，如图 5-3 所示。

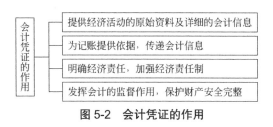

图 5-2　会计凭证的作用　　　　图 5-3　会计凭证种类

【知识链接】
（1）原始凭证。是指在经济业务发生或完成时由相关人员取得或填制的，用以记录或证明经济业务发生或完成情况并明确有关经济责任的一种原始凭据。如：采购商品取得的采购发票、销售商品开具的销售发票等。
（2）记账凭证。是以原始凭证为依据编制，记载经济业务简要内容，确定会计分录，登记账簿的直接依据。

# 任务二　填制与审核原始凭证

## 一、原始凭证的基本内容

企业发生的经济业务纷繁复杂，反映其具体内容的原始凭证也品种繁多。虽然原始凭证反映经济业务的内容不同，但无论哪一种原始凭证，都应该说明有关经济业务的执行和完成情况，都应该明确有关经办人员和经

M5-1 原始凭证基本内容

办单位的经济责任。因此，各种原始凭证，尽管名称和格式不同，但都应该具备一些共同的基本内容。原始凭证必须具备的基本内容如图5-4所示。

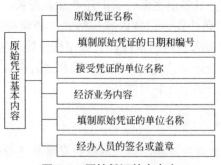

图5-4 原始凭证基本内容

## 二、原始凭证的种类

企业经济业务纷繁复杂，因此原始凭证的品种繁多，为了更好地认识和利用原始凭证，须按照一定标准对原始凭证进行分类。

### （一）原始凭证按其来源不同分类

按原始凭证的来源不同可以将其分为外来原始凭证和自制原始凭证两种，如图5-5所示。

【知识链接】

（1）外来原始凭证。是指在经济业务活动发生或完成时，从其他单位或个人直接取得的原始凭证。如购买商品取得的发票、坐车取得的车票等。

（2）自制原始凭证。是指本单位内部具体经办业务的部门和人员，在执行或完成经济业务时所填制的原始凭证。如领料单、入库单。

### （二）原始凭证按其填制方法不同分类

原始凭证按其填制方法不同分类，可分为一次凭证、累计凭证和汇总凭证三种，如图5-6所示。

图5-5 原始凭证按来源分类

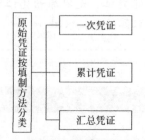

图5-6 原始凭证按填制方法分类

【知识链接】

（1）一次凭证。是指一次填制完成的原始凭证。日常原始凭证多属此类。

（2）累计凭证是指在一张凭证上连续登记一定时期内不断重复发生的若干同类经济业务，直到期末才能填制完毕的原始凭证。如限额领料单。

（3）汇总凭证。是根据许多同类经济业务原始凭证定期加以汇总而编制。

常见原始凭证如表 5-1～表 5-3 所示。

表 5-1 收料单

年 月 日　　　　　　　号仓库　　编号：

| 付款单号 | | 供货单位 | | 材料来源 | | 合同定货 | | 市场采购 | 其他 | 二 |
|---|---|---|---|---|---|---|---|---|---|---|
| 材料类别 | 材料编号 | 材料名称 | 规格 | 计量单位 | 数量 | | 单价 | 金额 | | 财 |
| | | | | | 发票 | 实收 | | | | 务 |
| | | | | | | | | | | 存 |
| 实际成本 | 原价 | 运杂费 | | 附注 | | | | | | |
| | 加成 | 合计 | | | | | | | | |

核算：　　　主管：　　　保管：　　　检验：　　　交库：

表 5-2 限额领料单

领料单位：　　　　　　　　　　　　　　　　　　　　编号：
用途：　　　　　　　　年 月 日　　　　　　　发料仓库：

| 材料类别 | 材料编号 | 材料名称规格 | 计量单位 | 计划单价 | 全月领用限额 | 全 月 实 领 | |
|---|---|---|---|---|---|---|---|
| | | | | | | 数量 | 金额 |
| | | | | | | | |

| 日期 | 请　领 | | 实　发 | | | 退　料 | | | 限额结余 |
|---|---|---|---|---|---|---|---|---|---|
| | 数量 | 领料单位负责人 | 数量 | 发料人 | 领料人 | 数量 | 退料人 | 收料人 | |
| | | | | | | | | | |
| | | | | | | | | | |
| | | | | | | | | | |
| | | | | | | | | | |
| 合计 | | | | | | | | | |

供应部门负责人：　　　生产计划部门负责人：　　　仓库负责人：

表 5-3 发料凭证汇总表

年 月 日　　　　　　　　　　附领料单　　份

| 领料单位 | 材料名称 | 用途 | 单位 | 数量 | 单 价 | | 总 成 本 | |
|---|---|---|---|---|---|---|---|---|
| | | | | | 计划 | 实际 | 计划 | 实际 |
| 一车间 | | | | | | | | |
| 二车间 | | | | | | | | |
| 厂部 | | | | | | | | |
| 合计 | | | | | | | | |

主管：　　　审核：　　　发料：　　　保管：

## （三）原始凭证按其格式不同分类

原始凭证按其格式不同分类，可以分为通用凭证和专用凭证两种，如图 5-7 所示。

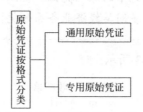

图 5-7　原始凭证按格式分类

【知识链接】

（1）通用原始凭证。是指全国或某一地区、某一部门统一格式的原始凭证。如由银行统一印制的结算凭证等，现金支票如图 5-8 所示。

（2）专用凭证。是指一些单位具有特定内容、格式和专门用途的原始凭证。如增值税专用发票等，如图 5-9 所示。

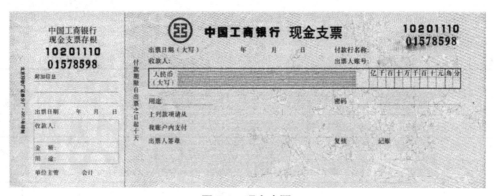

图 5-8　现金支票

图 5-9　增值税专用发票

### 三、原始凭证的填制要求

原始凭证是具有法律效力的证明文件，是进行会计核算的依据，各项原始凭证要素应按规定方法填写齐全，办妥签章手续，明确经济责任。

为了保证原始凭证能清晰地反映各项经济业务的真实情况，原始凭证的填制必须符合以下要求。

**1. 记录真实**

原始凭证上填制的日期、经济业务内容和数字必须是经济业务发生或完成的实际情况，不得弄虚作假，不得以匡算数或估计数填入，不得涂改、挖补。

**2. 内容完整**

原始凭证中应该填写的项目要逐项填写，不可缺漏；名称要写全，不要简化；品名和用途要填写明确，不能含糊不清；有关部门和人员的签名和盖章必须齐全。

**3. 手续完备**

单位自制的原始凭证必须有经办业务的部门和人员签名盖章；对外开出的凭证必须加盖本单位的公章或财务专用章；从外部取得的原始凭证必须有填制单位公章或财务专用章。总之，取得的原始凭证必须符合手续完备的要求，以明确经济责任，确保凭证的合法性、真实性。

**4. 填制及时**

所有业务的有关部门和人员，在经济业务实际发生或完成时，必须及时填写原始凭证，做到不拖延、不积压，不事后补填，并按规定的程序审核。

**5. 编号连续**

原始凭证要顺序连续或分类编号，在填制时要按照编号的顺序使用，跳号的凭证要加盖"作废"戳记，连同存根一起保管，不得撕毁。

**6. 书写规范**

原始凭证中的文字、数字的书写都要清晰、工整、规范，做到字迹端正、易于辨认。大小写金额要一致。复写的凭证要不串行、不串格，不模糊，一式几联的原始凭证，应当注明各联的用途。数字和货币符号的书写要符合下列要求：①数字要一个一个地写，不得连笔写。特别是在要连写几个"0"时，也一定要单个的写，不能将几个"0"连在一起一笔写完。数字排列要整齐，数字之间的空格要均匀，不宜过大。此外阿拉伯数字的书写还应有高度的标准，一般要求数字的高度占凭证横格的1/2为宜。书写时还要注意紧靠横格底线，使上方能有一定的空位，以便需要进行更正时可以再次书写。②阿拉伯数字前面应该书写货币币种或者货币名称简写和币种符号。币种符号与阿拉伯数字之间不得留有空白。凡阿拉伯金额数字前写有货币币种符号的，数字后面不再写货币单位。所有以元为单位（其他货币种类为货币基本单位，下同）的阿拉伯数字，一律填写到角分；无角分的，角位和分位写"00"；有角无分的，分位应当写"0"，不得用符号"—"代替。在发票等须填写大写金额数字的原始凭证上，如果大写金额数字前未印有货币名称，应当加填货币名称，然后在其后紧接着填写大写金额数字，货币名称和金额数字之间不得留有空白。③汉字填写金额如零、壹、贰、叁、肆、伍、陆、柒、捌、玖、拾、佰、仟、万、亿等，应一律用正楷或行书体填写，不得用〇、一、二、三、四、五、六、七、八、九、十等简化字代替。不得任意自造简化字。大写金额数字到元或角为止的，在"元"或"角"之后应当写"整"或"正"字。阿拉伯金额数字之间有"0"时，汉字大写金额应写"零"字；阿拉伯金额数字中间连续有几个"0"时,大写金额中可以只有一个"零";阿拉伯金额数字元位为"0"或者数字中间连续有几个"0",元位也是"0",但角位不是"0"时,汉字大写金额可以只写一个"零"字,也可以不写"零"字。

《会计法》第十四条规定:"原始凭证记载的各项内容均不得涂改,原始凭证有错误的,应当由出具单位重开或者更正,更正处应当加盖出具单位印章。原始凭证金额有错误的,应当由出具单位重开,不得在原始凭证上更正。"

### 四、常用原始凭证的填制方法示例

#### (一)支票的填制

支票,是由出票人签发,委托办理支票存款业务的银行在见票时无条件支付确定的金额给收款人或持票人的票据。一般分为现金支票和转账支票。

M5-2 支票填制

【知识链接】

(1)现金支票。支票上印有"现金"字样的为现金支票,现金支票只能用于支取现金。

(2)转账支票。支票上印有"转账"字样的为转账支票,转账支票只能用于转账。

现金支票和转账支票二者的填制方法基本相同。下面以转账支票为例讲述填制方法。

(1)出票日期的填写:支票的出票日期填写必须使用中文大写。若月、日为壹至玖的,前面加"零";月为拾月至拾贰月、日为拾至拾玖的,前面加"壹"。

(2)收款人的填写:转账支票收款人应填写为对方单位名称。收款人应写单位全称或个人的姓名,不得简写。

(3)付款行名称、出票人账号:即为本单位开户银行名称及银行账号,银行账号必须小写。

(4)金额的填写。支票金额的填写,分大小写,大写要顶格写。大写数字写法:零、壹、贰、叁、肆、伍、陆、柒、捌、玖、拾。小写数字金额前要加人民币符号。支票上的大小写金额若填写错误不得更改,需作废重填。

(5)用途的填写:根据实际情况填写。

(6)盖章:支票签章处应加盖签发单位在银行预留的签章(称为印鉴)。一般使用本单位授权的财务专用章和法人代表章。

**提示:**

支票付款一定要注意有效期限。正常付款期限为:自出票之日起10天。超过付款期,银行不予受理。

支票在签发过程中金额填写错误,支票要作废重新再填写一张。

转账支票的填制示例见图5-10。

#### (二)增值税专用发票的填制

增值税专用发票是由国家税务总局监制设计印制的,只限于增值税一般纳税人领购使用

图 5-10 转账支票的填制

的,既作为纳税人反映经济活动中的重要会计凭证,又是兼记销货方纳税义务和购货方进项税额的合法证明。增值税专用发票使用税务专用开票软件在计算机中填制,并用打印机打印,手工填制的发票无效。对于商品种类较多,一张发票无法全部填列时,可在发票后附销售商品清单。增值税发票的样式和填制项目如图 5-11 所示。

图 5-11 增值税发票的填制

### (三)领料单填制

领料单各企业的格式不统一,基本样式和填制示例见表 5-4。

### (四)原始凭证错误的更正

为了规范原始凭证的内容,明确相关人员的经济责任,防止利用原始凭证进行舞弊,原始凭证错误的更正应遵守以下规定。

表 5-4 领料单

领料单位：维修组　　　2017年6月5日　　　2号仓库　　　编号：010　　　单位：元

| 用途 | 修理设备 | | | 产品批量 | | | 定单号 | | | 财务存 |
|---|---|---|---|---|---|---|---|---|---|---|
| 材料类别 | 材料编号 | 材料名称 | 规格 | 计量单位 | 数量 | | 单价 | 金额 | | |
| | | | | | 请领 | 实发 | | | | |
| 钢材 | 021 | 圆钢 | 75mm | 千克 | 200 | 200 | 60 | 12 000 | | |
| 备注 | | | | | | | | | | |

核算：　　　主管：　　　发料：张立　　　主管：　　　领料：王维

（1）原始凭证所记载的各项内容均不得涂改、挖补。随意涂改、挖补的原始凭证即为无效凭证，不能作为填制记账凭证和登记会计账簿的依据。

（2）原始凭证记载的内容有错误的，应当由开具单位重开或更正，更正工作必须由原始凭证出具单位进行，并在更正处加盖出具单位印章；重新开具原始凭证也应当由原始凭证开具单位进行。

（3）原始凭证金额出现错误的不能更正，应退回原始凭证开具单位要求其重新开具。

（4）原始凭证开具单位应当依法开具准确无误的原始凭证，对于填制有误的原始凭证，要负责更正和重新开具，不得拒绝。

## 五、原始凭证的审核

为了正确反映和监督各项经济业务，财务部门对取得的原始凭证，必须进行严格审核和核对，保证核算资料的真实、合法、完整。只有经过审查无误的凭证，方可作为编制记账凭证和登记账簿的依据。原始凭证的审核，是会计监督工作的一个重要环节，一般应从以下两方面进行。

**1. 审查原始凭证所反映经济业务的合理性、合法性和真实性**

这种审查是以有关政策、法规、制度和计划合同等为依据，审查凭证所记录的经济业务是否符合有关规定，有无贪污盗窃、虚报冒领、伪造凭证等违法乱纪现象，有无不讲经济效益、违反计划和标准的要求等。对于不合理、不合法及不真实的原始凭证，财会人员应拒绝受理。如发现伪造或涂改凭证弄虚作假、虚报冒领等不法行为，除拒绝办理外，还应立即报告有关部门，提请严肃处理。

**2. 审核原始凭证的填制是否符合规定的要求**

首先审查所用的凭证格式是否符合规定，凭证的要素是否齐全，是否有经办单位和经办人员签章；其次审查凭证上的数字是否完整，大、小写是否一致；最后审查凭证上数字和文字是否有涂改、污损等不符合规定之处。如果通过审查发现凭证不符合上述要求，那么凭证本身就失去作为记账依据的资格，会计部门应把那些不符合规定的凭证退还给原编制凭证的单位或个人，要求重新补办手续。

原始凭证的审核是一项很细致而且十分严肃的工作。要做好原始凭证的审核，充分发挥会计监督的作用，会计人员应该做到精通会计业务；熟悉有关的政策、法令和各项财务规章制度；对本单位的生产经营活动有深入的了解；同时还要求会计人员具有维护国家法令、制度和本单位财务管理制度的高度责任感，敢于坚持原则，才能在审核原始凭证时正确掌握标准，及时发现问题。

原始凭证经过审核后，对于符合要求的原始凭证，及时编制记账凭证并登记账簿；并对于手续不完备、内容记载不全或数字计算不正确的原始凭证，应退回有关经办部门或人员补办手续或更正；对于伪造、涂改或经济业务不合法的凭证，应拒绝受理，并向本单位领导汇报，提出拒绝执行的意见；对于弄虚作假、营私舞弊、伪造涂改凭证等违法乱纪行为，必须及时揭露并严肃处理。

《会计法》第十条规定："会计机构、会计人员必须按照国家统一的会计制度的规定对原始凭证进行审核，对不真实、不合法的原始凭证有权不予接受，并向单位负责人报告；对记载不准确、不完整的原始凭证予以退回，并要求按照国家统一的会计制度的规定更正、补充。"

## 任务三 记账凭证的填制与审核

### 一、记账凭证的基本内容

记账凭证是会计人员根据审核后的原始凭证进行归类、整理，并确定会计分录而编制的会计凭证，是登记账簿的依据。

M5-3 记账凭证基本内容

在实际工作中，由于原始凭证来源于不同的单位，种类繁多，格式多样，内容不同，数量庞大，加上原始凭证一般都不能明确具体表明经济业务应记入的账户的名称和借、贷方向，因此直接根据原始凭证登记账簿容易发生差错。为此，会计人员在登记账簿之前，必须在审核无误的基础上，对原始凭证反映的经济内容加以归类整理，编制具有统一格式的记账凭证，确定应借、应贷的账户名称和金额，然后据以记账。原始凭证作为记账凭证的附件附于其后，这样不仅简化记账工作，保证账簿记录的正确性，还有利于原始凭证的保管，便于对账和查账，提高会计工作质量。

为了概括反映经济业务事项的基本情况，满足登记账簿的需要，我国《会计基础工作规范》第五十一条规定，记账凭证必须具备下列内容要素。

（1）记账凭证的名称；
（2）填制凭证的日期、凭证编号；
（3）经济业务的内容摘要；
（4）经济业务应记入账户的名称、记账方向和金额；
（5）所附原始凭证的张数和其他附件资料；
（6）会计主管、记账、复核、出纳、制单等有关人员签名或盖章。

原始凭证和记账凭证同属于会计凭证，两者之间既有联系又有区别。二者的联系是：原始凭证是记账凭证的基础，记账凭证是根据原始凭证编制的，两者反映的内容一致；在实际工作中，原始凭证附在记账凭证后面，作为记账凭证的附件，记账凭证是对原始凭证内容的概括和说明；两者都是登记账簿的依据。二者的区别是：原始凭证是由经办业务的有关人员填制或取得的，而记账凭证一律由会计人员填制；原始凭证是一种证据，具有法律效力，而记账凭证不具法律效力，只能作为登记账簿的一种直接依据；原始凭证是根据经济业务的发生或完成情况填制的，其格式多种多样，错综复杂，而记账凭证是按会计核算方法的要求填制的，其格式基本统一；原始凭证仅用以记录证明经济业务已经发生或完成，不能载明会计分录，而记账凭证记录会计分录的全部内容。

## 二、记账凭证的种类

由于会计凭证记录和反映的经济业务多种多样,因此,记账凭证也是多种多样的。记账凭证按其适用的经济业务不同,可分为通用记账凭证和专用记账凭证。

### (一)通用记账凭证

通用记账凭证是以一种格式记录全部经济业务的记账凭证。业务比较单一、业务量较少的单位,适宜使用这类记账凭证。其格式及内容见图 5-12。

记 账 凭 证

年 月 日　　　　　　　　　　　　　字第　号

| 摘要 | 总账科目 | 明细科目 | 借方金额 | | | | | | | | | 记账符号 | 贷方金额 | | | | | | | | |
|---|---|---|---|---|---|---|---|---|---|---|---|---|---|---|---|---|---|---|---|---|---|
| | | | 百 | 十 | 万 | 千 | 百 | 十 | 元 | 角 | 分 | | 百 | 十 | 万 | 千 | 百 | 十 | 元 | 角 | 分 |
| | | | | | | | | | | | | | | | | | | | | | |
| | | | | | | | | | | | | | | | | | | | | | |
| | | | | | | | | | | | | | | | | | | | | | |
| | | | | | | | | | | | | | | | | | | | | | |
| 合　计 | | | | | | | | | | | | | | | | | | | | | |

附单据　张

会计主管　　　　记账　　　　复核　　　　制证

图 5-12 记账凭证

### (二)专用记账凭证

专用记账凭证是专门用于记录某一类经济业务的记账凭证。按其是否反映货币资金收付业务,又分为收款凭证、付款凭证和转账凭证三种。

**1. 收款凭证**

收款凭证是指专门用于记录现金和银行存款收款业务的会计凭证,收款凭证是出纳人员收讫款项的依据,也是登记总账、现金日记账和银行存款日记账以及有关明细账的依据,一般按库存现金和银行存款分别编制。收款凭证基本格式如图 5-13 所示。

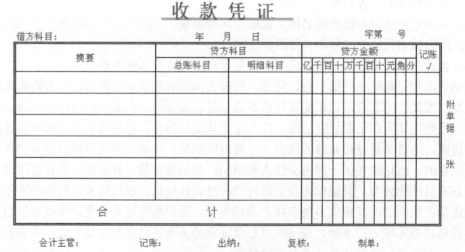

图 5-13 收款凭证

### 2. 付款凭证

付款凭证是指专门用于记录现金和银行存款付款业务的会计凭证，付款凭证是出纳人员支付款项的依据，也是登记总账、现金日记账和银行存款日记账以及有关明细账的依据，一般按库存现金和银行存款分别编制。付款凭证基本格式如图 5-14 所示。

**付 款 凭 证**

贷方科目：　　　　　　　　年　　月　　日　　　　　　　　字第　　号

| 摘要 | 借方科目 | | 金　额 | | | | | | | | | | | 记账 |
|---|---|---|---|---|---|---|---|---|---|---|---|---|---|---|
| | 总账科目 | 明细科目 | 亿 | 千 | 百 | 十 | 万 | 千 | 百 | 十 | 元 | 角 | 分 | √ |
| | | | | | | | | | | | | | | |
| | | | | | | | | | | | | | | |
| | | | | | | | | | | | | | | |
| | | | | | | | | | | | | | | |
| | | | | | | | | | | | | | | |
| | | | | | | | | | | | | | | |
| 合 | 计 | | | | | | | | | | | | | |

附单据　　张

会计主管：　　　记账：　　　出纳：　　　复核：　　　制单：

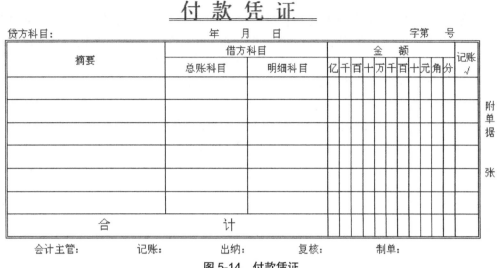

图 5-14　付款凭证

### 3. 转账凭证

转账凭证是指专门用于记录不涉及现金和银行存款收付款业务的会计凭证。它是登记总账和有关明细账的依据。转账凭证格式如图 5-15 所示。

**转 账 凭 证**

年　　月　　日　　　　　　　　转字第　　号<br>附件　　张

| 摘　要 | 总账科目 | 明细科目 | 借方金额 | | | | | | | | | | 记账符号 | 贷方金额 | | | | | | | | | | 记账符号 |
|---|---|---|---|---|---|---|---|---|---|---|---|---|---|---|---|---|---|---|---|---|---|---|---|---|
| | | | 千 | 百 | 十 | 万 | 千 | 百 | 十 | 元 | 角 | 分 | | 千 | 百 | 十 | 万 | 千 | 百 | 十 | 元 | 角 | 分 | |
| | | | | | | | | | | | | | □ | | | | | | | | | | | □ |
| | | | | | | | | | | | | | □ | | | | | | | | | | | □ |
| | | | | | | | | | | | | | □ | | | | | | | | | | | □ |
| | | | | | | | | | | | | | □ | | | | | | | | | | | □ |
| | | | | | | | | | | | | | □ | | | | | | | | | | | □ |
| 合　计 | | | | | | | | | | | | | □ | | | | | | | | | | | □ |

杭州青联印刷厂印制　207

会计主管　　　记账　　　复核　　　制证

图 5-15　转账凭证

收款凭证、付款凭证和转账凭证分别用以记录库存现金、银行存款收款业务、付款业务和转账业务（与现金、银行存款收支无关的业务）。在会计实务中，对于库存现金和银行存款之间的收付款业务，为了避免记账重复，一般只编制付款凭证，不编制收款凭证。

在实际工作中，为了单独反映货币资金收付情况，在货币资金收付业务量较多的单位，往往对货币资金的收付业务编制专用的收、付款凭证。有些经济业务简单或收、付款业务不多的单位，可以使用通用记账凭证。

### 三、记账凭证的填制要求

填制记账凭证是为了便于登记账簿，保证账簿记录的正确性，填制记账凭证应符合以下要求。

**1. 依据真实**

除结账和更正错误外，记账凭证应根据审核无误的原始凭证及有关资料填制，记账凭证必须附有原始凭证并如实填写所附原始凭证的张数。记账凭证所附原始凭证张数的计算一般应以原始凭证的自然张数为准。如果记账凭证中附有原始凭证汇总表，则应该把所附的原始凭证和原始凭证汇总表的张数一起记入附件的张数之内。但报销差旅费等零散票券，可以粘贴在一张纸上，作为一张原始凭证。一张原始凭证如果涉及几张记账凭证，可以将原始凭证附在一张主要的记账凭证后面，在该主要记账凭证摘要栏注明"本凭证附件包括××号记账凭证业务"字样，并在其他记账凭证上注明该主要记账凭证的编号或者附上该原始凭证的复印件，以便复核查阅。如果一张原始凭证所列的支出需要由两个以上的单位共同负担时，应当由保存该原始凭证的单位开给其他应负担单位原始凭证分割单，原始凭证分割必须具备原始凭证的基本内容，并可作为填制记账凭证的依据，计算在所附原始凭证张数之内。

**2. 内容完整**

记账凭证应具备的内容都要具备，要按照记账凭证上所列项目逐一填写清楚，有关人员的签名或者盖章要齐全不可缺漏。如有以自制的原始凭证或者原始凭证汇总表代替记账凭证使用的，也必须具备记账凭证应有的内容。金额栏数字的填写必须规范、准确，与所附原始凭证的金额相符。金额登记方向、数字必须正确，角分位不留空格。

**3. 分类正确**

填制记账凭证，要根据经济业务的内容，区别不同类型的原始凭证，正确应用会计科目和记账凭证。记账凭证可以根据每一张原始凭证填制，或者根据若干张同类原始凭证汇总填制，也可以根据原始凭证汇总表填制，但不得将不同内容或类别的原始凭证汇总填制在一张记账凭证上，会计科目要保持正确的对应关系。一般情况下，现金或银行存款的收、付款业务，应使用收款凭证或付款凭证；只发生在现金和银行存款之间的业务，如将现金送存银行，或者从银行提取现金，应以付款业务为主，只填制付款凭证不填制收款凭证，以避免重复记账。在一笔经济业务中，如果既涉及现金或银行存款收或付，又涉及转账业务，则应分别填制收款或付款凭证和转账凭证。例如，单位职工出差归来报销差旅费并交回剩余现金时，就应根据有关原始凭证按实际报销的金额填制一张转账凭证，同时按收回的现金数额填制一张收款凭证。各种记账凭证的使用格式应相对稳定，特别是在同一会计年度内，不宜随意更换，以免引起编号、装订、保管方面的不便与混乱。

**4. 日期正确**

记账凭证的填制日期一般是填制记账凭证当天的日期，按权责发生制原则计算收益、分配费用、结转成本利润等调整分录和结账分录的记账凭证，虽然需要到下月才能填制，但为了便于在当月的账内进行登记，仍应填写当月月末的日期。

**5. 连续编号**

为了分清会计事项处理的先后顺序，以便记账凭证与会计账簿之间的核对，确保记账凭证完整无缺，填制记账凭证时，应当对记账凭证连续编号。记账凭证编号的方法有多种：一种是将全部记账凭证作为一类统一编号；另一种是分别按现金和银行存款收入业务、现金和银行付出业务、转账业务三类进行编号。各单位应当根据本单位业务繁简程度、会计人员多少和分工情况来选择便于记账、查账、内部稽核、简单严密的编号方法。无论采用哪一种编号方法，都应该按月顺序编号，即每月都从1号编起，按自然数1、2、3、4、5……顺序编至月末，不得跳号、重号。一笔经济业务需要填制两张或两张以上记账凭证的，可以采用分数编号法进行编号，例如有一笔经济业务需要填制三张记账凭证，凭证顺序号为6可以编成 $6\frac{1}{3}$、$6\frac{2}{3}$、$6\frac{3}{3}$，前面的数表示凭证顺序，后面分数的分母表示该号凭证共有三张，分子表示三张凭证中的第一张、第二张、第三张。

#### 6. 简明扼要

记账凭证的摘要栏是填写经济业务简要说明的，摘要应与原始凭证内容一致，能正确反映经济业务的主要内容，既要防止简而不明，又要防止过于繁琐。应能使阅读者通过摘要就能了解该项经济业务的性质、特征，判断出会计分录的正确与否，一般不需要再去翻阅原始凭证或询问有关人员。

#### 7. 分录正确

会计分录是记账凭证中重要的组成部分，在记账凭证中，要正确编制会计分录并保持借贷平衡，就必须根据国家统一会计制度的规定和经济业务的内容，正确使用会计科目，不得任意简化或改动。应填写会计科目的名称，或者同时填写会计科目的名称和会计科目编号，不应只填编号，不填会计名称。应填明总账科目和明细科目，以便于登记总账和明细分类账。会计科目的对应关系要填写清楚，应先借后贷，一般填制一借一贷、一借多贷或者多借一贷的会计分录。但如果某项经济业务本身就需要编制一个多借多贷的会计分录时，也可以填制多借多贷的会计分录，以集中反映该项经济业务的全过程。填入金额数字后，要在记账凭证的合计行计算填写合计金额。记账凭证中借、贷方的金额必须相等，合计数必须计算正确。

#### 8. 空行注销

填制记账凭证时，应按行次逐行填写，不得跳行或留有空行。记账凭证填完经济业务后，如有空行，应当在金额栏自最后一笔金额数字下的空行至合计数上的空行处划斜线或"～"线注销。

#### 9. 填错更改

填制记账凭证时如果发生错误，应当重新填制。已经登记入账的记账凭证在当年内发生错误的，如果是使用的会计科目或记账凭证方向有错误，可以用红字金额填制一张与原始凭证内容相同的记账凭证，在摘要栏注明"注销某月某日某号凭证"字样，同时再用蓝字重新填制一张正确的记账凭证，在摘要栏注明"更正某月某日某号凭证"字样；如果会计科目和记账方向都没有错误，只是金额错误，可以按正确数字和错误数字之间的差额，另编一张调整的记账凭证，调增金额用蓝数字，调减金额用红数字。发现以前年度的金额有错误时，应当用蓝字填制一张更正的记账凭证。

记账凭证中，文字、数字和货币符号的书写要求，与原始凭证相同。实行会计电算化的单位，其机制记账凭证应当符合对记账凭证的基本要求，打印出来的机制凭证上，要加盖制单人员、审核人员、记账人员和会计主管人员印章或者签字，以明确责任。

## 四、记账凭证的填制方法示例

### （一）通用记账凭证的填制

M5-4 记账凭证填制

通用记账凭证是以一种格式记录全部经济业务的记账凭证。业务比较单一、业务量较少的单位，适宜使用这类记账凭证。通用记账凭证的格式及填制方法举例如下：

【例 5-1】恒远公司 2019 年 10 月 6 日以现金 520 元购买办公用品一批。根据该项业务填制记账凭证。填制通用记账凭证样例见图 5-16。

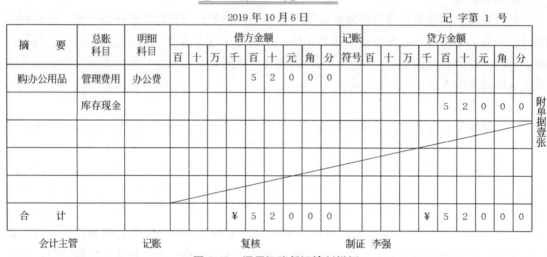

图 5-16 通用记账凭证填制样例

### （二）专用记账凭证的填制

#### 1. 收款凭证的填制

收款凭证是根据审核无误的现金和银行存款收款业务的原始凭证编制的。

收款凭证左上角的"借方科目"，按收款的性质填写"库存现金"或者"银行存款"；日期填写的是编制本凭证的日期；右上角填写编制收款凭证顺序号；"摘要栏"简明扼要地填写经济业务的内容梗概；"贷方科目"栏内填写与收入"库存现金"或"银行存款"科目相对应的总账科目及所属明细科目；"金额"栏内填写实际收到的现金或银行存款的数额，各总账科目与所属明细科目的应贷金额，应分别填写在与总账科目或明细科目同一行的"总账科目"或"明细科目"金额栏内；"金额栏"的合计数，只合计"总账科目"金额，表示借方科目"库存现金"或"银行存款"的金额；"记账栏"供记账人员在根据收款凭证登记有关账簿后作记号用，表示已经记账，防止经济业务的事项的重记或漏记；该凭证右边"附件"根据所附原始凭证的张数填写；凭证最下方有关人员签章处供有关人员在履行了责任后签名或签章，以明确经济责任。

【例 5-2】2019 年 11 月 8 日，大华工厂收到昌海工厂交来转账支票一张，计 180 000 元，归还前欠货款，支票已送存银行。有银行进账回单一张，填制收款凭证样例见图 5-17。

## 收 款 凭 证

借方科目：银行存款　　　　2019 年 11 月 8 日　　　　收字第 1 号

| 摘　要 | 贷方科目 | | 金　额 | | | | | | | | | 记账符号 |
|---|---|---|---|---|---|---|---|---|---|---|---|---|
| | 总账科目 | 明细科目 | 百 | 十 | 万 | 千 | 百 | 十 | 元 | 角 | 分 | |
| 收回欠款 | 应收账款 | 昌海工厂 | | 1 | 8 | 0 | 0 | 0 | 0 | 0 | 0 | |
| | | | | | | | | | | | | |
| | | | | | | | | | | | | |
| | | | | | | | | | | | | |
| | | | | | | | | | | | | |
| 合　　计 | | | ¥ | 1 | 8 | 0 | 0 | 0 | 0 | 0 | 0 | |

附单据 壹张

会计主管　　　记账　　　复核　　　出纳　　　制证 李立

图 5-17　收款凭证填制样例

### 2. 付款凭证的填制

付款凭证是根据审核无误的现金和银行付款业务的原始凭证编制的。付款凭证的左上角"贷方科目"，应填列"库存现金"或者"银行存款"，"借方科目"栏应填写与"库存现金"或"银行存款"科目相对应的总账科目及所属的明细科目。其余各部分的填制方法与收款凭证基本相同。

【例 5-3】2019 年 11 月 10 日，大华工厂开出转账支票一张，支付前欠宏达公司购货款，计 117 000 元。填制付款凭证样例见图 5-18。

## 付 款 凭 证

贷方科目：银行存款　　　　2019 年 11 月 10日　　　　付字第 1 号

| 摘　要 | 借方科目 | | 金　额 | | | | | | | | | 记账符号 |
|---|---|---|---|---|---|---|---|---|---|---|---|---|
| | 总账科目 | 明细科目 | 百 | 十 | 万 | 千 | 百 | 十 | 元 | 角 | 分 | |
| 支付欠款 | 应付账款 | 宏达公司 | | 1 | 1 | 7 | 0 | 0 | 0 | 0 | 0 | |
| | | | | | | | | | | | | |
| | | | | | | | | | | | | |
| | | | | | | | | | | | | |
| | | | | | | | | | | | | |
| 合　　计 | | | ¥ | 1 | 1 | 7 | 0 | 0 | 0 | 0 | 0 | |

附单据 壹张

会计主管　　　记账　　　复核　　　出纳　　　制证 李立

图 5-18　付款凭证填制样例

### 3. 转账凭证的填制

转账凭证是根据审核无误的不涉及现金和银行存款收付的转账业务原始凭证编制的。

转账凭证的"会计科目"栏应按照先借后贷的顺序分别填写应借应贷的总账科目及所属的明细科目；借方总账科目及所属明细科目的应记金额，应在与科目同一行的"借方金额"栏内相应栏次填写，贷方总账科目及所属明细科目的应记金额，应在与科目同一行的"贷方金额"栏内相应栏次填写；"合计"行只合计借方总账科目金额和贷方总账科目金额，借方总账科目金额合计数与贷方总账金额合计数应相等。

【例5-4】大华工厂11月末结转本月份制造费用96 000元。填制转账凭证样例见图5-19。

转 账 凭 证

2019年11月30日　　　　　　　　　　　　　　　　　　转 字第 1 号

| 摘要 | 科目 | | 借方金额 | | | | | | | | 记账符号 | 贷方金额 | | | | | | | | 附单据 |
|---|---|---|---|---|---|---|---|---|---|---|---|---|---|---|---|---|---|---|---|---|
| | 总账科目 | 明细科目 | 百 | 十 | 万 | 千 | 百 | 十 | 元 | 角 | 分 | | 百 | 十 | 万 | 千 | 百 | 十 | 元 | 角 | 分 | |
| 结转制造费用 | 生产成本 | A产品 | | | 9 | 6 | 0 | 0 | 0 | 0 | 0 | | | | | | | | | | | 壹张 |
| | 制造费用 | | | | | | | | | | | | | | 9 | 6 | 0 | 0 | 0 | 0 | 0 | |
| | | | | | | | | | | | | | | | | | | | | | | |
| | | | | | | | | | | | | | | | | | | | | | | |
| 合计 | | | ¥ | | 9 | 6 | 0 | 0 | 0 | 0 | 0 | | ¥ | | 9 | 6 | 0 | 0 | 0 | 0 | 0 | |

会计主管　　　　　　记账　　　　　　复核　　　　　　制证 李立

图5-19 转账凭证填制样例

### 五、记账凭证的审核

记账凭证编制以后，必须由专人进行审核，借以监督经济业务的真实性、合法性和合理性，并检查记账凭证的编制是否符合要求。特别要审核最初证明经济业务实际发生、完成的原始凭证。因此，对记账凭证的审核是一项严肃细致性的工作。记账凭证审核的基本内容包括以下几项。

**1. 内容是否真实**

审核记账凭证是否有原始凭证为依据，所附原始凭证的内容是否与记账凭证的内容一致，记账凭证汇总表的内容与其所依据的记账凭证的内容是否一致等。

**2. 项目是否齐全**

审核记账凭证各项目的填写是否齐全，如日期、凭证编号、摘要、金额、所附原始凭证张数及有关人员签章等。

**3. 科目是否准确**

审核记账凭证的应借、应贷科目是否正确，是否有明确的账户对应关系，所使用的会计科目是否符合国家统一的会计制度的规定等。

**4. 金额是否正确**

审核记账凭证所记录的金额与原始凭证的有关金额是否一致、计算是否正确，记账凭证汇总表的金额与记账凭证的金额合计是否相符等。

**5. 书写是否规范**

审核记账凭证中的记录是否文字工整、数字清晰，是否按规定进行更正等。

在审核过程中，如果发现不符合要求的地方，应要求有关人员采取正确的方法进行更正。只有经过审核无误的记账凭证，才能作为登记账簿的依据。

# 任务四　会计凭证的传递和保管

## 一、会计凭证的传递

会计凭证的传递，是指从会计凭证取得或填制起至归档保管时止，在单位内部有关部门和人员之间按照规定的时间、程序进行处理的过程。各种会计凭证，他们所记载的经济业务不同，涉及的部门和人员不同，办理的业务手续也不同，因此，应当为各种会计凭证规定一个合理的传递程序，即一张会计凭证填制后应交到哪个部门、哪个岗位、由谁办理业务手续等，直到归档保管为止。

### （一）会计凭证传递的意义

正确组织会计凭证的传递，对于提高会计核算资料的及时性、正确组织经济活动、加强经济责任、实行会计监督，具有重要意义。

**1. 正确组织会计凭证的传递，有利于提高工作效率**

正确组织会计凭证的传递，能够及时、真实反映和监督各项经济业务的发生和完成情况，为经济管理提供可靠的经济信息。例如，材料运到企业后，仓库保管员应在规定的时间内将材料验收入库，填制"收料单"，注明实收数量等情况，并将"收料单"及时送到财会部门及其他有关部门。财会部门接到"收料单"，经审核无误，就应及时编制记账凭证和登记账簿，生产部门得到该批材料已验收入库凭证后，便可办理有关领料手续，用于产品生产等。如果仓库保管员未按时填写"收料单"或虽填写"收料单"，但没有及时送到有关部门，就会给人以材料尚未入库的假象，影响企业生产正常进行。

**2. 正确组织会计凭证的传递，能更好地发挥会计监督作用**

正确组织会计凭证的传递，便于有关部门和个人分工协作，相互牵制，加强岗位责任制，更好地发挥会计监督作用。例如，从材料运到企业验收入库，需要多少时间、有谁填制"收料单"、何时将"收料单"送到供应部门和财会部门、会计部门收到"收料单"后由谁进行审核并同供应部门的发货票进行核对、由谁何时编制记账凭证和登记账簿、由谁负责整理保管凭证等。这样，就把材料收入业务验收入库到登记入账的全部工作，在本单位内部进行分工合作，共同完成。同时可以考核经办业务的有关部门和人员是否按规定的会计手续办理，从而加强经营管理，提高工作质量。

### （二）会计凭证传递的基本要求

各单位的经济业务性质是多种多样的，各种经营业务又有各自的特点，所以，办理各项经济业务的部门和人员以及办理凭证所需要的时间、传递程序也必然各不相同。这就要求每个单位都必须根据自己的业务特点和管理特点，由单位领导会同会计部门及有关部门共同设计制订出一套会计凭证的传递程序，使各个部门保证有序、及时地按规定的程序处理凭证传递。各单位在设计制定会计凭证传递时，应注意以下几个问题。

**1. 根据经济业务的特点、机构设置和人员分工情况，明确会计凭证的传递程序**

由于企业生产经营业务的内容不同，企业管理的要求也不尽相同。在会计凭证的传递过程中，要根据具体情况，确定每一种凭证的传递程序和方法。合理制订会计凭证所经过的环节，规定每个环节负责传递的相关责任人员，规定会计凭证的联数以及每一联凭证的用途。做到既可使各有关部门和人员了解经济活动情况、及时办理手续，又可避免凭证经过不必要的环节，以提高工作效率。

**2. 规定会计凭证经过每个环节所需要的时间，以保证凭证传递的及时性**

会计凭证的传递时间，应考虑各部门和有关人员的工作内容和工作量在正常情况下完成的时间，明确规定各种凭证在各个环节上停留的最长时间，不能拖延和积压会计凭证，以免影响会计工作的正常程序。一切会计凭证的传递和处理，都应在报告期内完成，不允许跨期，否则将影响会计核算的准确性和及时性。

会计凭证在传递过程中的衔接手续，应该做到既完备、严密，又简单易行。凭证的收发、交接都应当按一定的手续制度办理，以保证会计凭证的安全和完整。会计凭证的传递程序、传递时间和衔接手续明确后，制定凭证传递程序，规定凭证传递路线、环节及在各个环节上的时间、处理内容及交接手续，使凭证传递工作有条不紊、迅速而有效进行。

## 二、会计凭证装订及保管

会计凭证是记录经济业务、明确经济责任、具有法律效力的证明文件，又是登记账簿的依据，所以，它是重要的经济档案和历史资料。任何企业在完成经济业务手续和记账之后，必须按规定立卷归档，形成会计档案资料，妥善保管，以便日后随时查阅。

M5-5 会计凭证装订

### （一）会计凭证保管的含义

会计凭证的保管是指会计凭证记账后的整理、装订、归档和存查工作。

记账凭证在未装订成册之前，一般都分散在有关会计人员手中使用或存放；每月定期要将本月各种记账凭证加以整理，装订成册；装订成册的会计凭证，应指定专人负责，及时存档，集中保管，认真保管。

### （二）会计凭证整理保管要求

（1）各种记账凭证，连同所附原始凭证和原始凭证汇总表，要分类按顺序编号，定期（一天、五天、十天或一个月）装订成册，并加具封面，注明单位名称、凭证种类、所属年月和起讫日期、起止号码、凭证张数等。为防止任意拆装，应在装订处贴上封签，并由经办人员在封签处加盖骑缝章。会计凭证装订封面格式如图 5-20 所示。

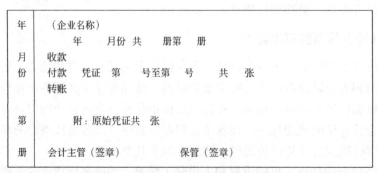

图 5-20　会计凭证封面

（2）对一些性质相同、数量很多或各种随时需要查阅的原始凭证，可以单独装订保管，在封面上写明记账凭证的时间、编号、种类，同时在记账凭证上注明"附件另订"。

（3）各种经济合同和重要的涉外文件等凭证，应另编目录，单独登记保管，并在有关原始凭证和记账凭证上注明。

（4）其他单位因有特殊原因需要使用原始凭证时，经本单位领导批准，可以复印，但应在专门的登记簿上进行登记，并由提供人员和收取人员共同签章。

（5）会计凭证装订成册后，应由专人负责分类保管，年终应登记归档。会计凭证的保管期限和销毁手续，应严格按照《会计档案管理办法》进行管理。

（6）会计凭证在归档后，应按年月日顺序排列，以便查阅。对已归档凭证的查阅、调用和复制，都应得到批准，并办理一定的手续。会计凭证在保管中应防止霉烂破损和鼠咬虫蛀，以确保其安全和完整。

**【复习思考题】**

1. 什么是会计凭证？会计凭证的作用？
2. 原始凭证如何分类？
3. 原始凭证的填制要符合哪些要求？如何进行审核？
4. 原始凭证和记账凭证的联系和区别是什么？
5. 记账凭证如何进行分类？
6. 记账凭证的填制要求和审核要点是什么？
7. 会计凭证整理保管的相关规定有哪些？

## 项目六

# 登记会计账簿

【学习目标】
1. 了解会计账簿的概念、作用;
2. 熟悉会计账簿的种类和基本内容;
3. 掌握会计账簿的登记规则与方法;
4. 掌握总分类账户登记方法;
5. 掌握错账更正的方法与适用范围;
6. 掌握对账、结账的内容及方法,能熟练的进行期末对账与结账;
7. 了解账簿的更换与保管方法。

【引导案例】
郑州永生有限责任公司是一家加工企业,于 2017 年 1 月 1 日成立,公司决定聘用会计专业毕业的学生赵俊做会计工作,公司老板将企业的情况向赵俊进行了介绍:
(1)公司为一般纳税人,注册资本为 100 万元,公司管理人员 35 人,合同制生产人员 150 人。开户银行为中国工商银行金水路支行,账号为 02345678,库存现金限额为 1 000 元。
(2)企业生产 A、B 两种产品,要求单独计算 A、B 产品成本。
(3)企业的购销活动,经常有往来账项。
(4)原材料、库存商品分品种按照实际成本核算。
请问:假如你是赵俊,你该如何为该公司设置账簿进行记账呢?

## 任务一 认知会计账簿

### 一、会计账簿的概念

会计账簿是以审核无误的会计凭证为依据,由有专门格式而又相互联系的账页组成,用以连续、系统、全面综合地记录和反映各项经济业务的簿记。俗称"账本"。设置和登记账簿是重要的会计核算方法之一。

我国《会计法》明确规定:各单位必须依法设置会计账簿,根据本单位的业务特点和管理要求建立本单位的会计账簿体系。

各单位对日常发生的经济业务都必须取得和填制会计凭证。在会计核算工作中,对发生的每一笔经济业务都必须取得和填制原始凭证,并根据所取得的原始凭证填制记账凭证,以便及时反映和监督企业所发生的每一笔经济业务情况。由于记账凭证登记的是每一笔经济业务,而且数量很多,所以它所提供的会计信息是零乱的、分散的,不能够全面、连续、系统综合的反映和监督企业经济活动的全过程及其结果，为了满足信息使用者对会计信息的需要，就要运用会计账簿这一会计载体，将每一张零乱的、分散的会计凭证所提供的会计信息加以集中和分类汇总，以全面、连续、系统、综合地反映经济活动、财务状况、经营成果和现金流量，从而提供管理所需的会计信息。

设置和登记会计账簿，是重要的会计核算基础工作，是连接会计凭证和会计报表的中间环节，做好这项工作，对于加强经济管理具有十分重要的意义。

## 二、会计账簿的作用

账簿记录既是对会计凭证信息的进一步整理和汇总，也是进行会计分析、会计检查的重要依据，同时为编制会计报表、输出会计信息提供数据基础。因此，在会计核算中具有重要作用。主要表现在以下三个方面。

（1）通过账簿记录，既能对经济业务活动进行序时、分类的核算，又能提供各项总括和明细的核算资料，并为编制会计报表提供依据。

通过设置和登记账簿，可以为经营管理提供比较系统、完整的会计核算资料，会计凭证也可以提供会计信息，但会计凭证只能零散地记录和反映个别经济业务，不能全面、系统地反映经济业务的完成情况，只有通过账簿的设置与登记，才能把会计凭证上所提供的大量资料归类到各种账簿中，提供总括核算资料和明细核算资料，并进行序时记录和反映。通过账簿的设置与登记，可以正确地反映各项会计信息的具体情况，并为编制会计报表提供依据。

（2）提供计算成本、费用、利润等经营成果的详细资料，为计算财务成果提供依据。

通过账簿的设置与登记可以确定财务成果的形成，确定财务成果后，才能按规定的方法进行利润分配或弥补亏损。通过设置和登记账簿，还可以提供经营成果形成的详细内容，并为财务成果的分配提供依据。

（3）为开展财务分析和会计检查提供依据。

通过设置和登记账簿，提供各项会计核算资料，并利用账簿的核算资料，进行会计分析，以便改善经营管理，同时有利于进行会计检查，实施会计监督。

## 三、会计账簿的基本内容

尽管各种账簿所记录的经济内容不同，账簿的格式又多种多样，不同账簿格式所包括的具体内容也不尽一致，但各种账簿都应具备一些基本要素。我国会计制度规定，会计账簿应包括以下内容：封面、扉页和账页。

M6-1 会计账簿基本内容

### （一）封面

表明账簿的名称，用来保护扉页和账页。如总分类账、现金日记账、银行存款日记账等。如图 6-1 所示。

**图 6-1　账簿封面**

## （二）扉页

主要用来表明会计账簿的使用信息。正面包括账簿启用、经管人一览表及交接记录等，如图 6-2 所示。背面是科目引表，如图 6-3 所示。其中账簿启用及经管人一览表要注明启用日期、起讫页数、册次、记账人员的签章、会计主管人员的签章及交接记录等内容。

**账簿启用表**

| 单位名称 | | 单位公章 |
|---|---|---|
| 账簿名称 | | |
| 账簿编号 | 字第 号第 册共 册 | |
| 账簿页数 | 本账簿共计 页 | |
| 启用日期 | 年 月 日 | |

| 经管人员 | | 接管 | 移交 | 会计员负责人 | | 印花税票粘贴处 |
|---|---|---|---|---|---|---|
| 姓名 | 盖章 | 年月日 | 年月日 | 姓名 | 盖章 | |
| | | | | | | |
| | | | | | | |
| | | | | | | |
| | | | | | | |

图 6-2　扉页正面

**账户目录**

| 顺序 | 编号 | 名称 | 页号 | 顺序 | 编号 | 名称 | 页号 | 顺序 | 编号 | 名称 | 页号 | 顺序 | 编号 | 名称 | 页号 |
|---|---|---|---|---|---|---|---|---|---|---|---|---|---|---|---|
| 1 | | | | 26 | | | | 51 | | | | 76 | | | |
| 2 | | | | 27 | | | | 52 | | | | 77 | | | |
| 3 | | | | 28 | | | | 53 | | | | 78 | | | |
| 4 | | | | 29 | | | | 54 | | | | 79 | | | |
| 5 | | | | 30 | | | | 55 | | | | 80 | | | |
| 6 | | | | 31 | | | | 56 | | | | 81 | | | |
| 7 | | | | 32 | | | | 57 | | | | 82 | | | |
| 8 | | | | 33 | | | | 58 | | | | 83 | | | |
| 9 | | | | 34 | | | | 59 | | | | 84 | | | |
| 10 | | | | 35 | | | | 60 | | | | 85 | | | |
| 11 | | | | 36 | | | | 61 | | | | 86 | | | |
| 12 | | | | 37 | | | | 62 | | | | 87 | | | |
| 13 | | | | 38 | | | | 63 | | | | 88 | | | |
| 14 | | | | 39 | | | | 64 | | | | 89 | | | |
| 15 | | | | 40 | | | | 65 | | | | 90 | | | |
| 16 | | | | 41 | | | | 66 | | | | 91 | | | |
| 17 | | | | 42 | | | | 67 | | | | 92 | | | |
| 18 | | | | 43 | | | | 68 | | | | 93 | | | |
| 19 | | | | 44 | | | | 69 | | | | 94 | | | |
| 20 | | | | 45 | | | | 70 | | | | 95 | | | |
| 21 | | | | 46 | | | | 71 | | | | 96 | | | |
| 22 | | | | 47 | | | | 72 | | | | 97 | | | |
| 23 | | | | 48 | | | | 73 | | | | 98 | | | |
| 24 | | | | 49 | | | | 74 | | | | 99 | | | |
| 25 | | | | 50 | | | | 75 | | | | 100 | | | |

图 6-3　账户目录表

## （三）账页

账页是会计账簿的主要内容，一个完整的账页应当包括以下内容：
（1）账户名称（总账科目、二级科目或明细科目）；
（2）登记账户的日期栏；
（3）凭证种类的号数栏；
（4）摘要栏：所记录经济业务内容的简要说明。
（5）借贷方金额及余额栏：记录经济业务的增减变动和余额。
（6）页次栏。

## 四、会计账簿的分类

### （一）按账簿用途的分类

按账簿的用途可将会计账簿分为序时账簿、分类账簿和备查账簿。

**1. 序时账簿**

序时账簿是按照经济业务发生时间的先后顺序，逐日逐笔连续进行登记的账簿，也称日记账。

目前在我国，大多数单位一般只设现金日记账和银行存款日记账。如图6-4、图6-5所示。

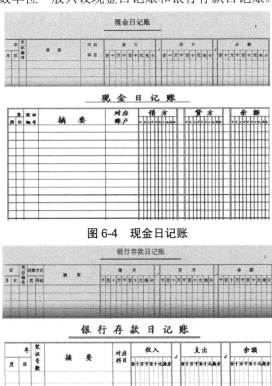

图6-4　现金日记账

图6-5　银行存款日记账

**2. 分类账簿**

是指对所有的经济业务按照会计科目开设账户并进行分类登记的账簿。

根据反映内容的详细程度和范围不同分为总分类账簿和明细分类账簿。如图 6-6 所示。

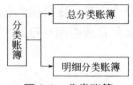

图 6-6　分类账簿

① 总分类账是根据总分类科目设置的，用来分类登记、反映和监督全部经济业务，提供总括核算资料的账簿，譬如库存现金总分类账。如图 6-7 所示。

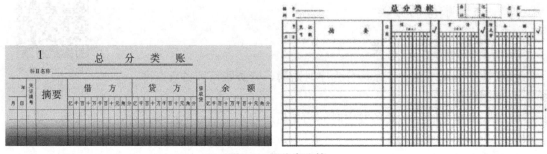

图 6-7　总分类账簿

② 明细分类账是按总账所属二级或三级明细账户开设，用来分类登记、反映和监督某一类经济业务，提供明细核算资料的分类账簿。譬如其他应收款明细账、原材料明细账等。如图 6-8 所示。

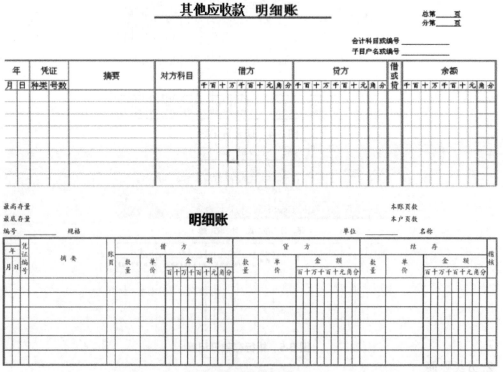

图 6-8　明细分类账

### 3. 备查账簿

又称辅助账，是指对一些在序时账簿和分类账簿中不能记载或记载不全的经济业务进行补充登记的账簿，对序时账簿和分类账簿起补充作用。

备查账簿没有固定格式，可由各单位根据管理的需要自行设置与设计。如支票登记簿、租入固定资产登记簿、应收票据备查簿等。

## （二）账簿按外表形式分类

会计账簿按外表形式特征，可以分为订本式账簿、活页式账簿和卡片式账簿三类。

### 1. 订本式账簿

也称订本账，是指在账簿启用前就把具有账户基本结构并连续编号的若干张账页固定地装订成册的账簿。

其优点是可以避免账页散失，防止账页被随意抽换，比较安全。

缺点：①账页固定后，只能有一人负责登记，也不便于会计人员分工协作。②不能确定各账户应该预留多少账页，预留多造成浪费，预留少影响记账。③不便于计算机打印记账。

订本式账簿一般适用于企业重要事项的登记。如库存现金日记账、银行存款日记账和总分类账。如图 6-9 所示。

图 6-9 订本式账簿

### 2. 活页式账簿

也称活页账，是指年度内账页不固定装订成册，而是将其放置在活页账夹中的账簿。当账簿登记完毕之后（通常是一个会计年度结束之后），才能将账页予以装订，加具封面，并给各账页连续编号。

优点：随时取放，便于账页的增加和重新排列，便于分工记账和记账工作电算化；缺点：账页容易散失和被随意抽换。活页账在年度终了时，应及时装订成册，妥善保管。

各种明细分类账一般采用活页账式。如图 6-10 所示。

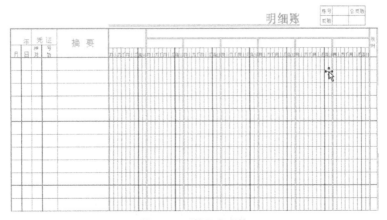

图 6-10 活页式账簿

### 3. 卡片式账簿

又称卡片账,是指由许多具有一定格式的卡片组成,存放在一定卡片箱内的账簿。卡片账的卡片一般装在卡片箱内,不用装订成册,随时可存放,也可跨年度长期使用。

优点:便于随时查阅,也便于按不同要求归类整理,不易损坏;缺点:账页容易散失和随意抽换。因此,在使用时应对账页连续编号,并加盖有关人员印章,卡片箱应由专人保管,更换新账后也应封扎保管,以保证其安全。

在我国,单位一般只对固定资产和低值易耗品等资产明细账采用卡片账形式。

### (三) 账簿按账页格式分类

会计账簿按账页格式的不同可以分为三栏式账簿、数量金额式账簿和多栏式账簿三类。

#### 1. 三栏式账簿

是指账页由借方、贷方和余额三个金额栏目组成的账簿。它只提供价值指标。主要适用于只登记金额业务的核算,如日记账、总分类账以及资本、债权、债务明细账都可以采用此类账簿。如图 6-11 所示。

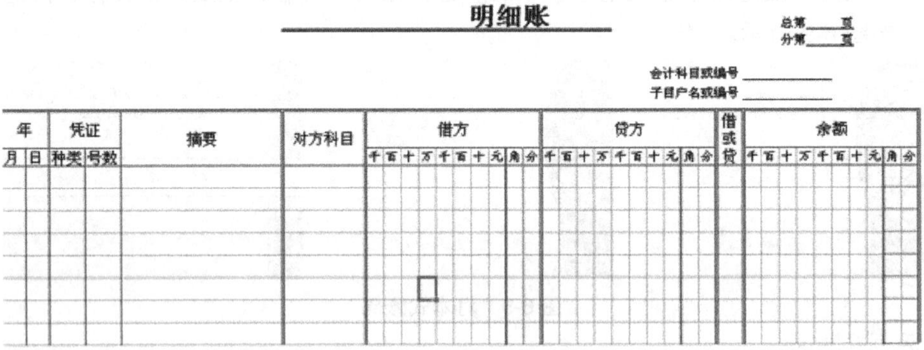

图 6-11 三栏式账簿

#### 2. 数量金额式账簿

是指账页由借方、贷方和余额三个基本栏组成,在每个基本栏中分别设置数量、单价和金额三小栏的账页组成的账簿。借以反映财产物资的实物数量和价值量。它既提供价值指标,又提供数量指标。

主要适用于存货类资产的明细核算。如原材料、库存商品的明细账。如图 6-12 所示。

图 6-12 数量金额式账簿

### 3. 多栏式账簿

多栏式账簿是在账簿的两个基本栏目借方或贷方的某一方或两方下面，按需要分设若干栏，详细反映借方贷方金额组成情况的账簿。

这种账簿可以按"借方"和"贷方"分别设专栏，也可以只设"借方"专栏，"贷方"的内容在相应的借方专栏内用红字登记。

适用于成本、费用、收入、增值税的明细分类核算。如管理费用明细账，如图 6-13 所示。

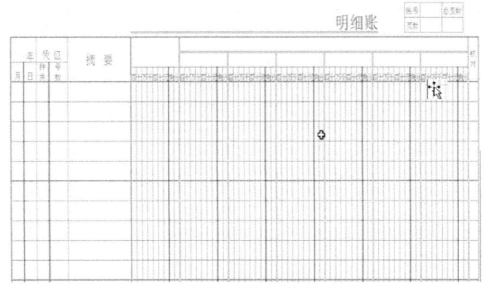

图 6-13 多栏式账簿

会计账簿的种类如图 6-14 所示。

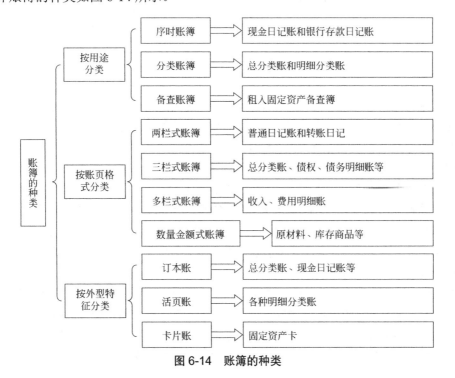

图 6-14 账簿的种类

# 任务二　会计账簿的设置

## 一、会计账簿的设置基本原则

会计账簿将零星分散的信息通过一定的方法予以归类管理，从而提供系统、完整、有用的财务会计信息，满足管理与编制会计报表的需要。因此，任何单位都应当根据本单位经济业务的特点和经营管理的需要，设置一定种类和数量的账簿。一般说来，设置账簿应当遵循下列原则：

### （一）会计账簿设计与账务处理程序紧密配合原则

会计处理流程的设计实质上已大致规定了会计账簿的种类，在进行会计账簿的具体设计时，应充分注意已选定的账务处理程序。会计核算程序是指企业所采用的会计凭证、会计账簿、会计报表的种类、格式以及与记账程序相互结合的步骤与方式。科学、合理地组织会计核算程序对提高会计核算质量和会计工作效率，充分发挥会计的职能具有重要意义。会计核算程序的不同对账簿及格式的要求也不同，例如若设计的是日记总账账务处理程序，就必须设计一本日记总账，再考虑其他会计账簿。各种账簿间应起到层层控制、相互核对的作用，必须严密组织，并规定一定的记账程序，既要防止账账脱节产生漏洞，又要防止层层设账，造成重复和烦琐。

### （二）与企业规模和会计分工相适应的原则

一般来说，单位规模较大、经济业务较多，其内部分工也就较细，会计账簿的种类和册数也就较多；反之，单位规模较小、经济业务量少，在满足内部控制的前提下，一个会计人员可处理多种经济业务，负责多个账户的登记，设计账簿时就不必设多本账，所有的明细账也可以集合成少数几本账。

### （三）既满足管理需要又避免重复设账的原则

会计账簿设计的目的是为了取得管理所需要的资料，因此会计账簿设置也以满足需要为前提，避免重复设账、记账、浪费人力物力。例如材料账，一些企业在财务科设了总账和明细账，在供应科又设一套明细账，在仓库还设三级明细账，就是重复设账的典型例子。事实上若在财务科只设总账，供应科设二级明细账（按类别）、仓库设二级明细账（按品名规格），一层控制一层，互相核对，数据共享，既省时又省力。

会计账簿设计应做到总分结合、序时与分类相结合，层次清楚，便于分工。

会计账簿可以序时、分类地归集管理所需要的信息资料。会计账簿的设计要体现管理要求，根据不同企业管理需要设计出不同的账页，有些企业有外汇收支业务的核算，会计账页的设计中就要增加原币金额、兑换率、本位币金额等内容；有些部门管理上不仅需要金额，还需要反映数量和单价，则要设计出数量金额式的账页；有些财产使用时间较长，变动不大，可以设计成跨年度使用的卡片账；有些企业有经营性租入固定资产业务，则应设计备查簿予以登记。为保证财产物资的安全与合理使用，强化财产物资的管理，账簿的设置应与财产物资管理相结合，做到有钱有物有账，以账管钱，以账管物。

### （四）会计账簿设计与会计报表指标相衔接的原则

会计账簿记录的数据，或根据其加工计算的数据是编制会计报表的主要依据。会计报表是根据会计账簿记录编制的，报表中的有关指标应能直接从有关总分类账户或明细分类账户中取得和填列，以加速会计报表的编制，而尽量避免从几个账户中取得资料进行加减运算来填报。因此，会计账簿的设计要保证和满足编制会计报表资料的需要，同时还应考虑到会计部门人员的合理分工情况，有利于会计人员算账、汇账、报账和用账。

### （五）账簿设计应做到省时省力、简便易行、便于查阅、控制与保管

账簿的设计要考虑到登账、审核与保管的要求。账页尺寸不宜过大，账页格式不宜过于复杂，以方便账簿的登记，提高工作效率。此外，还要便于查阅、控制与保管。

## 二、会计账簿启用的一般规则

### （一）账簿启用规则

会计账簿是储存数据资料的重要会计档案，为保证账簿记录的合法性、完整性，防止舞弊行为，明确记账责任，在启用新的会计账簿时需填写在扉页上的"账簿启用和经管人员一览表"。主要包括：单位名称、账簿编号、账簿册数、账簿页数、启用日期，并加盖单位公章；经管人员（包括企业负责人、主管会计、复核和记账人员等）均应签名盖章。

### （二）账簿交接规则

记账人员调离岗位时，必须与接管人员办理交接手续；在交接记录栏内填写交接日期、交接人员和监交人员姓名，并由交接双方签字并盖章。一般会计人员办理交接手续，由会计机构负责人监交。会计机构负责人办理交接手续，由单位负责人监交。

## 三、序时账簿的设置

按其记录经济业务内容不同分为普通日记账和特种日记账。实际工作中，普通日记账不方便、重复劳动，也不适用。所以实际工作中常用的是特种日记账。常见的特种日记账一般有库存现金日记账和银行存款日记账。

我国的企业事业单位必须设置现金日记账和银行存款日记账，以便于及时反映企业现金和银行存款收入、支出及结存情况，从而加强对货币资金的监督和管理。

现金和银行存款是企业流动性最强的资产，为保证账簿资料的安全、完整，《会计基础工作规范》第五十七条规定："现金日记账和银行存款日记账必须采用订本式账簿。不得用银行对账单或者其他方法代替日记账"。日记账必须采用订本式账簿，其账页格式一般采用"收入"（借方）、"支出"（贷方）和"余额"三栏式。

## 四、分类账簿的设置

### （一）总分类账簿的设置

总分类账简称总账，是根据总分类科目开设的，用以记录全部经济业务总括核算资料的分类账簿。因为总分类账簿能分类、连续、全面、总括地反映企业经济活动的情况，并为编制会计报表提供资料，所以，每个企业必须设置总分类账簿。

总分类账簿一般采用借方、贷方和余额三栏式订本账,分别记录其增减变化过程和结果。

### (二)明细分类账簿的设置

明细分类账简称明细账。它是按照某一总分类账户所属的各个明细账户开设,用于分类、连续登记经济业务事项以提供明细核算资料的账簿。明细账用来分类地、连续地记录有关财产物资的收发保管、往来款项的结算、收入的取得,以及费用的开支等详细资料。因此,每一个企业应当根据自身经营管理的实际需要,按照二级科目或三级科目开设账户,设置材料物资、债权债务、业务收入、费用开支、利润等各种必需的明细分类账,作为对总账的必要补充。可以通过有关的明细账了解该账户的详细具体的情况。

明细账一般应采用活页式或卡片式账簿,明细账主要有三栏式、多栏式和数量金额式等三种格式。

# 任务三  会计账簿的登记

## 一、会计账簿登记的规则

### (一)登记账簿的基本规则

会计人员应根据审核无误的会计凭证及时地登记会计账簿。

(1)总账要按照各单位所选用的账务处理程序来确定登账的具体时间。

(2)各种明细账,一般要根据原始凭证和记账凭证每天进行登记,尤其是债权债务类明细账和财产物资类明细账应当每天进行登记,以便随时与对方单位进行结算核对。

(3)现金日记账和银行存款日记账,应当根据办理完毕的收、付款凭证,随时逐笔序时进行登记,最少每天登记一次并结出当日余额。

### (二)登记账簿的具体要求

(1)登记会计账簿时,应将会计凭证日期、编号、业务内容摘要、金额和其他有关资料逐项记入账内,做到数字准确、摘要清楚、登记及时、字迹工整。

(2)登记完毕后,要在记账凭证上签名或者盖章,并注明已经登账的符号,表示已经记账。

(3)账簿书写的文字和数字上面要留有适当空格,不要写满格,一般应占格距的1/2,以便留有改错的空间。

(4)登记账簿要用蓝黑墨水或者碳素墨水书写。

(5)记账除结账、改错、冲销记录外,不能用红色墨水。因为在会计工作中,红色数字表示对蓝色数字的冲销或表示负数。

下列情况,可以使用红色墨水记账:

① 按照红字冲账的记账凭证,冲销错误记录;

② 在不设借贷等栏的多栏式账页中,登记减少数;

③ 根据国家统一会计制度的规定可以用红字登记的其他会计记录。

对于登错的记录,不得用刮擦、挖补、涂改或用药水消除字迹等手段更正错误,也不允许重抄。应采用正确的错账更正规则进行更正。

（6）各种账簿按页次顺序连续登记，不得跳行、隔页。如果发生跳行、隔页，应当将空行、空页划线注销，或者注明"此行空白""此页空白"字样，并由记账人员签名或者盖章。

（7）注明余额方向。凡需要结出余额的账户，结出余额后，应当在"借或贷"等栏内写明"借"或者"贷"等字样。没有余额的账户，应当在"借或贷"等栏内写"平"字，并在余额栏内用"0"表示。现金日记账和银行存款日记账必须逐日结出余额。

（8）每一账页登记完毕结转下页时，应当结出本页合计数及余额，写在本页最后一行和下页第一行有关栏内，并在摘要栏内注明"过次页"和"承前页"字样；也可以将本页合计数及金额只写在下页第一行有关栏内，并在摘要栏内注明"承前页"字样。

（9）做好记账标记。

（10）实行会计电算化的单位，总账和明细账应当定期打印。

## 二、序时账簿的登记

### （一）登记日记账注意事项

（1）日记账的登记人员：日记账的登记人员必须是单位的出纳人员。

（2）日记账的登记依据：有以下两种情况：①如果采用通用记账凭证，根据有关现金、银行存款收付款凭证登记。②如果采用专用记账凭证：现金收款凭证、现金付款凭证或银行提现的银行付款凭证，根据银存收款凭证、银存付款凭证或银行存款的现金付款凭证登记日账。

（3）现金和银行存款是企业流动性最强的资产，为保证账簿资料的安全、完整，《会计基础工作规范》第五十七条规定："现金日记账和银行存款日记账必须采用订本式账簿。不得用银行对账单或者其他方法代替日记账"。日记账的账页格式有三栏式和多栏式两种，实际工作中采用三栏式账页格式。

（4）日记账要求逐日逐笔序时连续登记。现金日记账要求日清月结；银行存款日记账要求定期与银行对账单核对。

### （二）现金日记账的登记

#### 1. 登记依据

现金日记账通常由出纳人员根据审核无误的有关现金收、付款凭证登记或现金收款凭证、现金付款凭证以及部分银行存款付款凭证（记录从银行提取现金的业务）逐日逐笔顺序登记。

现金日记账是各单位重要的经济档案之一，为保证账簿使用的合法性，明确经济责任，防止舞弊行为，保证账簿资料的完整和便于查找，各单位在启用时，首先要按规定内容逐项填写"账簿启用表"和"账簿目录表"。在账簿启用表中，应写明单位名称、账簿名称、账簿编号和启用日期；在经管人员一栏中写明经管人员姓名、职别、接管或移交日期，由会计主管人员签名盖章，并加盖单位公章。在一本日记账中设置有两个以上现金账户的，应在第二页"账户目录表"中注明各账户的名称和页码，以方便登记和查核。

#### 2. 登记的内容

现金日记账第一页第一行，日期和摘要的填写比较特殊：

① 日期栏填写账簿开始使用的日期，也就是账簿的启用日期；

② 摘要栏：如果是新成立的单位填写期初余额，年度结转的单位填写上年结转；

③ 余额栏根据期初数据或上年年末结转数据填写，其他栏目为空。

其他行的填写：

① 日期栏：登记日记账的日期是记账凭证上的日期，而不是原始凭证上的日期；

② 凭证类型及编号栏：两种情况：若企业采用通用记账凭证，填写记×，若企业采用专业记账凭证格式，填写现收×、现付×、银付×；

③ 摘要栏：填写入账经济业务的内容，力求简明扼要，登记账是可以照抄所依据的记账凭证上的摘要内容；

④ 对方科目栏：填写与现金发生对应关系的账户的名称，用来反映现金收入的来源科目或支出的用途科目，以便于了解经济业务的来龙去脉。

在填写对应科目时，应注意以下三点：

第一，对应科目只填总账科目，不需填明细科目。

第二，当对应科目有多个时，应填入主要对应科目，如销售产品收到现金，则"库存现金"的对应科目有"主营业务收入"和"应交税费"，此时可在对应科目栏中填入"主营业务收入"，在借方金额栏中填入取得的现金总额，而不能将一笔现金增加业务拆分成两个对应科目金额填入两行。

第三，当对应科目有多个且不能从科目上划分出主次时，可在对应科目栏中填入其中金额较大的科目，并在其后加上"等"字。如用现金800元购买零星办公用品，其中300元由车间负担，500元由行政管理部门负担，则在银行存款日记账"对应科目"栏中填入"管理费用"等，在贷方金额栏中填入支付的现金总额800元。

⑤ 借贷方金额栏：应根据相关凭证中记录现金科目的借贷方向及金额来登记。

⑥ 余额栏：应根据本行余额=上行余额+本行借方发生额−本行贷方发生额。

每日业务终了，要算出本日借贷方发生额合计数及余额，同时还要将账面上的余额与保险柜里面的库存现金进行账实核对，即通常所说的"日清"。月终同样要计算现金本期借贷方发生额和余额的合计数，并与总账进行核对，以保证账账相符。

下面以三栏式日记账为例介绍登记方法。

【例6-1】2019年4月2日，出纳杨洋接到制单会计转来审核无误的收款凭证、付款凭证及所附原始凭证三张，据此登记现金日记账。如图6-15至图6-18所示。

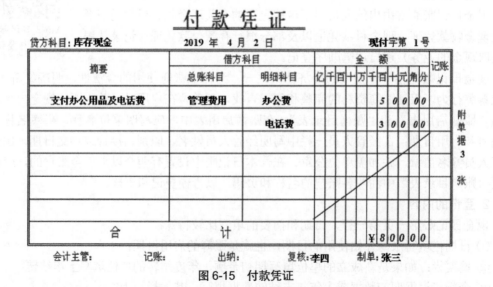

图6-15 付款凭证

项目六 登记会计账簿 105

## 收款凭证

借方科目：**库存现金**    2019 年 4 月 2 日    现收 字第 1 号

| 摘要 | 贷方科目 | | 贷方金额 | 记账 |
| --- | --- | --- | --- | --- |
| | 总账科目 | 明细科目 | 亿千百十万千百十元角分 | √ |
| 收到大江工厂欠款 | 应收账款 | 大江工厂 | 1 0 0 0 0 0 | |
| | | | | |
| | | | | |
| | | | | |
| 合 | | 计 | ¥ 1 0 0 0 0 0 | |

附单据 1 张

会计主管：     记账：     出纳：     复核：**李四**    制单：**张三**

图 6-16　收款凭证

## 付款凭证

贷方科目：**库存现金**    2019 年 4 月 2 日    现付 字第 2 号

| 摘要 | 借方科目 | | 金 额 | 记账 |
| --- | --- | --- | --- | --- |
| | 总账科目 | 明细科目 | 亿千百十万千百十元角分 | √ |
| 以现金支付材料款 | 原材料 | A材料 | 8 0 0 0 0 | |
| | | | | |
| | | | | |
| | | | | |
| | | | | |
| 合 | | 计 | ¥ 8 0 0 0 0 | |

附单据 2 张

会计主管：     记账：     出纳：     复核：**李四**    制单：**张三**

图 6-17　付款凭证

## 现金日记账

| 2019年 | | 凭证 | | 对方科目 | 摘要 | 借方 | √ | 贷方 | √ | 余额 | √ |
| --- | --- | --- | --- | --- | --- | --- | --- | --- | --- | --- | --- |
| 月 | 日 | 字 | 号 | | | | | | | | |
| 4 | 1 | | | | 期初余额 | | | | | 4 8 0 0 0 0 | |
| | 2 | 现付 | 1 | 管理费用 | 支付办公用品费及电话费 | | | 8 0 0 0 0 | | 4 0 0 0 0 0 | |
| | 2 | 现收 | 1 | 应收账款 | 收到大江工厂欠款 | 1 0 0 0 0 0 | | | | 5 0 0 0 0 0 | |
| | 2 | 现付 | 2 | 原材料 | 以现金支付材料款 | | | 8 0 0 0 0 | | 4 2 0 0 0 0 | |
| | 2 | | | | 本日合计 | 1 0 0 0 0 0 | | 1 6 0 0 0 0 | | 4 2 0 0 0 0 | |

图 6-18　现金日记账登记

恒远工厂2017年4月1日"库存现金"账户期初余额为4 800元，4月发生如下现金收付业务：

（1）4月2日以现金购买行政部门办公用品一批500元，支付电话费300元。

（2）4月2日收到大江工厂欠款1 000元。

（3）4月2日从大华工厂购买A材料200千克，单价4元，共计800元，以现金支付。

出纳登记完后再将记账凭证及所附原始凭证传递给记账会计。

> **【知识链接】**
>
> 登记现金日记账需要注意事项：
> （1）逐日逐笔顺序登记，逐笔结出余额，如为一笔可不计算当日余额。
> （2）现金日记账需要每日结出余额，并与库存数进行核对，每月月末结账。
> （3）出纳人员在现金日记账上登账后，在记账凭证上做入账标记，并签名或盖章，表示已经记账完毕。避免重记漏记。

### （三）银行存款日记账的登记

#### 1. 登记依据

银行存款日记账，是由出纳员根据审核无误的银行存款收付款凭证以及部分现金付款凭证（存现业务），按照经济业务发生先后顺序逐日逐笔进行登记的账簿。

通过登记银行存款日记账，可以加强对单位银行存款的监督和管理，可以逐日反映银行存款的增减变动及结存情况，也便于与银行对账单核对，以保证账实相符。

银行存款日记账也是各单位重要的经济档案之一，在启用账簿时，也应按有关规定和要求填写"账簿启用表"，具体内容和要求可参照现金日记账的启用。

登记银行存款日记账的总的要求是：银行存款日记账由出纳人员专门负责登记，登记时必须做到反映经济业务的内容完整，登记账目及时，凭证齐全，账证相符，数字真实、准确，书写工整，摘要清楚明了，便于查阅，不重记，不漏记，不错记，按期结算，不拖延积压，按规定方法更正错账，从而使账目既能明确经济责任，又清晰美观。

#### 2. 登记的内容

①"日期"栏中填入的应为据以登记账簿的会计凭证上的日期，现金日记账一般依据记账凭证登记，因此，此处日期为编制该记账凭证的日期。不能填写原始凭证上记载的发生或完成该经济业务的日期，也不是实际登记该账簿的日期。

②"凭证字号"栏中应填入据以登账的会计凭证类型及编号。如，企业采用通用凭证格式，根据记账凭证登记现金日记账时，填入"记×号"；企业采用专用凭证格式，根据现金收款凭证登记现金日记账时，填入"收×号"。

③"摘要"栏简要说明入账的经济业务的内容，力求简明扼要。

④"对应科目"栏应填入会计分录中"银行存款"科目的对应科目，用以反映银行存款增减变化的来龙去脉。

⑤"借方金额"栏、"贷方金额"栏应根据相关凭证中记录的"银行存款"科目的借贷方向及金额记入。

⑥"余额"栏应根据"本行余额＝上行余额＋本行借方－本行贷方"公式计算填入。

银行存款日记账的登记方法同现金日记账登记。

### 三、明细分类账簿的登记

不同类型经济业务的明细分类账可根据管理需要，依据记账凭证、原始凭证或汇总原始凭证逐日逐笔或定期汇总登记。

固定资产、债权和债务等明细分类账应逐笔登记；种类多、收发频繁的库存商品、原材料等明细分类账可以逐笔登记，也可定期汇总登记；有关收入、费用、成本等明细分类账可以逐日汇总登记，也可以定期汇总登记。

M6-4 明细分类账的设置与登记

#### （一）三栏式明细分类账

适用于只进行金额核算而不需要进行数量核算的资本、债权、债务账户的明细分类账核算。如"应收账款""应付账款""短期借款""应付职工薪酬"等明细分类账。举例说明三栏式明细账的登记方法如下。

【例6-2】恒远工厂2019年4月2日收到大江工厂欠款1 000元。编制收款凭证如图6-19所示。

**收 款 凭 证**

借方科目：**库存现金**　　2019年4月2日　　现收字第1号

| 摘要 | 贷方科目 | | 贷方金额 | 记账 |
|---|---|---|---|---|
| | 总账科目 | 明细科目 | 亿千百十万千百十元角分 | √ |
| 收到大江工厂欠款 | 应收账款 | 大江工厂 | 　　　　1 0 0 0 0 0 | |
| | | | | |
| | | | | |
| | | | | |
| 合计 | | | ¥ 1 0 0 0 0 0 | |

附单据 1 张

会计主管：　　记账：　　出纳：**杨洋**　　复核：**李四**　　制单：**张三**

图6-19　收款凭证

财务人员根据审核无误的现收1号凭证，登记应收账款三栏式明细账（图6-20）。

**应收账款 明细账**

总第 2 页
分第 1 页

会计科目或编号　**应收账款**
子目户名或编号　**大江工厂**

| 201 年 | | 凭证 | | 摘要 | 对方科目 | 借方 | 贷方 | 借或贷 | 余额 |
|---|---|---|---|---|---|---|---|---|---|
| 月 | 日 | 种类 | 号数 | | | 千百十万千百十元角分 | 千百十万千百十元角分 | | 千百十万千百十元角分 |
| 4 | 1 | | | 期初余额 | | | | | 　　　2 0 0 0 0 0 |
| 4 | 2 | 现收 | 1 | 收到大江工厂欠款 | 库存现金 | | 1 0 0 0 0 0 | 借 | 　　　1 0 0 0 0 0 |

图6-20　三栏式明细账登记

## （二）数量金额式明细分类账

数量金额式明细账用于既要进行金额核算又要进行数量核算的账户，如原材料、库存商品、委托加工物资等各种财产物资的明细分类核算。

【例 6-3】浙江保温瓶有限公司 2019 年 5 月 20 日购买原材料 3 500 个，单价 1.00 元，增值税进项税额 455 元，款项以银行存款支付。如图 6-21、6-22 所示。

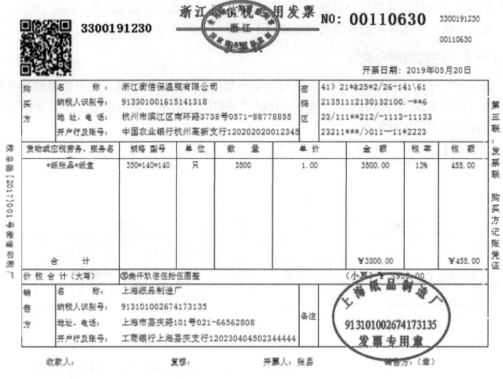

3300191230　　浙江增值税专用发票　　NO: 00110630　　3300191230 00110630

开票日期：2019年05月20日

| | | | |
|---|---|---|---|
| 购买方 | 名　　称：浙江衡信保温瓶有限公司<br>纳税人识别号：913301001615141318<br>地 址、电 话：杭州市滨江区南环路3738号0571-88778855<br>开户行及账号：中国农业银行杭州高新支行120202020012345 | 密码区 | 41》21*&25*2/26-141\61<br>21351112130132100.-**6<br>23/111**212/-1113-11133<br>23211***/>011—11*2223 |

| 货物或应税劳务、服务名称 | 规格型号 | 单位 | 数量 | 单价 | 金额 | 税率 | 税额 |
|---|---|---|---|---|---|---|---|
| *纸张品*纸盒 | 350*140*140 | 只 | 3500 | 1.00 | 3500.00 | 13% | 455.00 |
| 合　　计 | | | | | ¥3500.00 | | ¥455.00 |
| 价税合计（大写） | ⓧ叁仟玖佰伍拾伍圆整 | | | | （小写）¥3955.00 | | |

| | | | |
|---|---|---|---|
| 销售方 | 名　　称：上海纸品制造厂<br>纳税人识别号：913101002674173135<br>地址、电话：上海市嘉庆路101号021-66562808<br>开户行及账号：工商银行上海嘉庆支行120230404502344444 | 备注 | 上海纸品制造厂 913101002674173135 发票专用章 |

收款人：　　复核：　　开票人：张晶　　销售方：（章）

第三联：发票联　购买方记账凭证

图 6-21　增值税发票

**记　账　凭　证**

2019 年 5 月 20 日　　　　记 字第 2　号

| 摘　要 | 总账科目 | 明细科目 | 借方金额 | | | | | | | | | 记账符号 | 贷方金额 | | | | | | | | |
|---|---|---|---|---|---|---|---|---|---|---|---|---|---|---|---|---|---|---|---|---|---|
| | | | 百 | 十 | 万 | 千 | 百 | 十 | 元 | 角 | 分 | | 百 | 十 | 万 | 千 | 百 | 十 | 元 | 角 | 分 |
| 购入材料 | 原材料 | | | | | 3 | 5 | 0 | 0 | 0 | 0 | | | | | | | | | | |
| | 应交税费 | 应交增值税 | | | | | 4 | 5 | 5 | 0 | 0 | | | | | 3 | 9 | 5 | 5 | 0 | 0 |
| | 银行存款 | | | | | | | | | | | | | | | | | | | | |
| | | | | | | | | | | | | | | | | | | | | | |
| | | | | | | | | | | | | | | | | | | | | | |
| | | | | | | | | | | | | | | | | | | | | | |
| 合　　计 | | | | | ¥ | 3 | 9 | 5 | 5 | 0 | 0 | | | | ¥ | 3 | 9 | 5 | 5 | 0 | 0 |

附单据 贰张

会计主管　　记账　　复核 李四　　制证 张三

图 6-22　记账凭证

财务人员根据审核无误的记账凭证及所附原始凭证登记原材料明细账（图 6-23）。

原材料

| 最高存量 | | | | | | | | | | | | 本账页数 | |
|---|---|---|---|---|---|---|---|---|---|---|---|---|---|
| 最低存量 | | | **明细账** | | | | | | | | | 本户页数 | |
| 编号 | 规格 | | | | | | | 单位 千克 | | 名称 甲材料 | | | |

| 2017年 | | 凭证编号 | 摘要 | 账页 | 借方 | | | 贷方 | | | 结存 | | | 结核 |
|---|---|---|---|---|---|---|---|---|---|---|---|---|---|---|
| 月 | 日 | | | | 数量 | 单价 | 金额 百十万千百十元角分 | 数量 | 单价 | 金额 百十万千百十元角分 | 数量 | 单价 | 金额 百十万千百十元角分 | |
| 4 | 2 | | 记购入材料一批 | | 3000 | 99.5 | 2 9 8 5 0 0 0 0 | | | | 3000 | 99.5 | 2 9 8 5 0 0 0 0 | |

图6-23 数量金额式明细账登记

乙材料明细账的登记方法同甲材料。

### （三）多栏式明细分类账

多栏式明细分类账适用于只需要进行金额核算而不需要数量核算，并且管理上要求反映项目构成情况的成本费用、收入等科目，如制造费用、管理费用、财务费用、生产成本、主营业务收入、销售费用等账户。

【例6-4】恒远工厂2019年4月2日以现金购买行政部门办公用品一批500元，支付电话费300元。如图6-24所示。

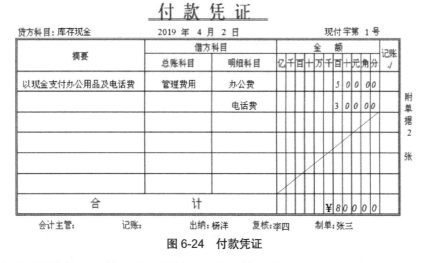

图6-24 付款凭证

财务人员根据审核无误的现付1号凭证，登记管理费用明细账（图6-25）。

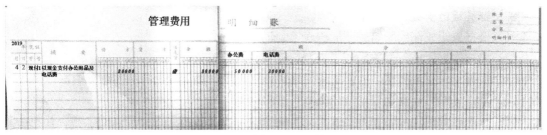

图6-25 多栏式明细分类账登记

## 四、总分类账簿的登记

由于订本式账簿页数固定不变,不能随时增添账页,也不能任意减少账页,因而在启用时应根据各科目发生业务的多少适当估计预留账页。总分类账一般根据把各种记账凭证汇总后编制的汇总记账凭证或科目汇总表登记。

M6-5 总分类账的设置与登记

在不同企业,由于会计核算采用的账务处理程序不同,登记总账的方法也不同,一旦选定,在同一个会计期间内相对固定,不得随意改变。经济业务少的小型企业,其总账可根据记账凭证逐笔登记;经济业务多的大型单位,其总账可以根据汇总记账凭证定期一次登记,也可采用科目汇总表登记方法。

### (一)账务处理程序

账务处理程序又叫会计核算程序,是指从原始凭证的整理、汇总,记账凭证的填制、汇总,日记账、明细分类账、总分类账的登记,到最后编制会计报表的步骤和方法。科学地组织账务处理程序,对提高会计核算工作的质量和会计工作效率、充分发挥会计职能具有重要意义。

根据登记总账的依据和方法不同,可以划分出不同种类的账务处理程序。目前,我国采用的账务处理程序主要有记账凭证账务处理程序、科目汇总表账务处理程序、汇总记账凭证账务处理程序、多栏式日记账账务处理程序、日记总账账务处理程序。此处主要介绍常用的两种账务处理程序,即记账凭证的账务处理程序和科目汇总表账务处理程序的应用。

各单位可以根据企业的实际情况,选择采用不同的账务处理程序进行总分类账的登记。

### (二)记账凭证账务处理程序下登记总分类账

记账凭证账务处理程序是根据各种记账凭证登记总账的账务处理程序,其主要特点是:根据每一张记账凭证逐笔登记总分类账。记账凭证账务处理程序是账务处理程序中最基本的形式,其他各种账务处理程序是在他的基础上产生和发展起来的。

**1. 记账凭证账务处理程序下的凭证、账簿的种类与格式**

(1)在这种核算程序下,记账凭证一般采用通用记账凭证,也可以采用收款凭证、付款凭证和转账凭证三种格式的专用凭证。

(2)在这种核算程序下,设置的账簿一般有库存现金日记账、银行存款日记账、总分类账和各种明细分类账。

(3)账簿的格式如下:库存现金日记账和银行存款日记账一般都采用三栏式订本账簿,总分类账也采用三栏式订本账簿,并按每一个账户开设账页,明细分类账则根据各个明细分类账所反映的内容分别采用三栏式、数量金额式、多栏式等。

**2. 记账凭证账务处理程序的步骤**

(1)根据原始凭证或原始凭证汇总表填制记账凭证;

(2)根据收款凭证、付款凭证逐笔登记现金、银行存款日记账;

(3)根据记账凭证和原始凭证(或原始凭证汇总表)逐笔登记各种明细分类账;

(4)根据记账凭证逐笔登记总分类账;

(5)月末对账,现金、银行存款日记账的余额,以及各种明细分类账的余额合计数,分别与总分类账中有关账户的余额核对相符;

(6) 月末,根据总分类账和明细分类账资料编制会计报表。

记账凭证账务处理程序可用图 6-26 表示。

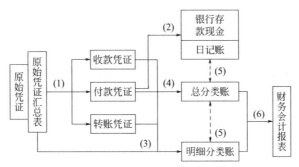

图 6-26　记账凭证账务处理程序

### 3. 记账凭证账务处理程序的应用

记账凭证账务处理程序的主要特点是:根据记账凭证直接登记总账,对于日记账和其他明细分类账的登记,与前述讲的日记账和其他明细分类账的登记基本相同。

【例 6-5】永达公司 2018 年 9 月份的相关会计资料如下:

1. 永达公司 2018 年 9 月 1 日有关账户余额如表 6-1、表 6-2 所示。

表 6-1　总分类账余额表

单位:元

| 账户名称 | 借 方 | 贷 方 | 账户名称 | 借 方 | 贷 方 |
|---|---|---|---|---|---|
| 库存现金 | 800 | | 短期借款 | | 700 000 |
| 银行存款 | 400 000 | | 应付账款 | | 82 000 |
| 应收账款 | 60 000 | | 应付职工薪酬 | | 12 000 |
| 其他应收款 | 4 800 | | 应交税费 | | 4 600 |
| 原材料 | 800 000 | | 实收资本 | | 2 000 000 |
| 库存商品 | 250 000 | | 盈余公积 | | 100 000 |
| 固定资产 | 1 823 000 | | 利润分配 | | 210 000 |
| 累计折旧 | | 230 000 | | | |

表 6-2　明细分类账余额表

单位:元

| 存货账户 | 存货名称 | 数量 | 单价 | 金额 |
|---|---|---|---|---|
| 原材料 | 甲材料 | 3 000 吨 | 200 | 600 000 |
| 原材料 | 乙材料 | 200 吨 | 1 000 | 200 000 |
| 库存商品 | A 产品 | 500 件 | 300 | 150 000 |
| 库存商品 | B 产品 | 1 000 件 | 100 | 100 000 |

2. 永达公司 2018 年 9 月份发生的部分交易或事项如下:

(1) 5 日,从工商银行提取库存现金 18 000 元。

(2) 5 日,以库存现金发放 8 月份职工薪酬 12 000 元。

(3) 8 日,公司财务部购买办公用品 200 元。

（4）10日，企划部李强借差旅费2 000元。

（5）10日，通过开户银行工商银行收回东方集团公司所欠货款24 000元。

根据永达公司2018年9月份的交易或事项资料，编制通用记账凭证，登记日记账和明细分类账及其总分类账。

第一步：根据原始凭证（交易或事项证明）填制记账凭证。

根据永达公司2018年9月份所发生的交易或事项所填制的记账凭证如图6-27至图6-31所示。

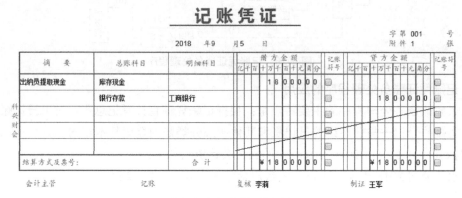

图6-27　记账凭证

图6-28　记账凭证

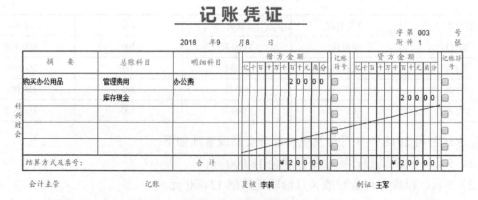

图6-29　记账凭证

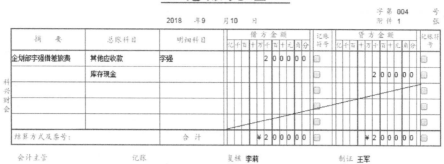

图 6-30 记账凭证

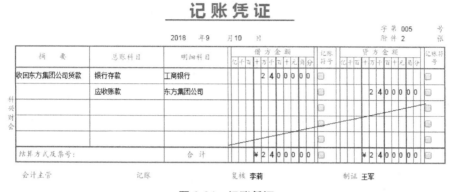

图 6-31 记账凭证

第二步：根据记账凭证登记该公司 9 月份库存现金日记账和银行存款日记账（略）。
第三步：根据记账凭证登记各种明细分类账（略）。
第四步：根据记账凭证直接登记总分类账。

永达公司 2018 年 9 月份库存现金和应付职工薪酬账户的总分类账如图 6-32、图 6-33 所示。（其他总分类账的登记方法同库存现金和应付职工薪酬）

**总 账**

会计科目编号 1001
会计科目名称 库存现金

| 2018年 | | 汇总凭证 | | 摘要 | 借方 | √ | 贷方 | √ | 借或贷 | 余额 | √ |
| --- | --- | --- | --- | --- | --- | --- | --- | --- | --- | --- | --- |
| 月 | 日 | 种类 | 号数 | | | | | | | | |
| 9 | 1 | | | 期初余额 | | | | | 借 | 800 00 | |
| | 5 | 记 | 1 | 出纳员提取现金 | 1 800 00 | | | | 借 | 2 600 00 | |
| | 5 | 记 | 2 | 以现金支付职工薪 | | | 1 200 00 | | 借 | 1 400 00 | |
| | 8 | 记 | 3 | 购买办公用品 | | | 20 00 | | 借 | 1 380 00 | |
| | 10 | 记 | 4 | 李强借差旅费 | | | 200 00 | | 借 | 1 180 00 | |

图 6-32 库存现金总分类账

## 总　账

会计科目编号　2211
会计科目名称　应付职工薪酬

| 2018年 | | 汇总凭证 | | 摘要 | 借方 亿千百十万千百十元角分 | √ | 贷方 亿千百十万千百十元角分 | √ | 借或贷 | 余额 亿千百十万千百十元角分 | √ |
|---|---|---|---|---|---|---|---|---|---|---|---|
| 月 | 日 | 种类 | 号数 | | | | | | | | |
| 9 | 1 | | | 期初余额 | | | | | 贷 | 1 2 0 0 0 0 0 | |
| | 5 | 记 | 2 | 以现金发工资 | 1 2 0 0 0 0 0 | | | | 平 | 0 | |

图 6-33　应付职工薪酬总分类账

记账凭证账务处理程序的优点是：账务处理程序简单明了，总账根据记账凭证逐笔登记，在总账中就能比较详细地反映经济业务的内容，便于查阅。其缺点是：登记总账的工作量大。因此，这种账务处理程序适用于规模较小、业务量较少、凭证不多的企事业单位。

### （三）科目汇总表账务处理程序下登记总分类账

科目汇总表账务处理程序是根据科目汇总表登记总账的账务处理程序，其主要特点是：定期根据所有的记账凭证编制科目汇总表，然后根据科目汇总表登记总分类账。

**1. 科目汇总表账务处理程序下的凭证、账簿的种类与格式**

（1）在这种核算程序下，记账凭证一般采用通用记账凭证，也可以采用收款凭证、付款凭证和转账凭证三种格式的专用凭证。

（2）在这种核算程序下，设置的账簿一般有库存现金日记账、银行存款日记账、总分类账和各种明细分类账。

（3）账簿的格式如下：库存现金日记账和银行存款日记账一般都采用三栏式订本账簿；总分类账也采用三栏式订本账簿，并按每一个账户开设账页；明细分类账则根据各个明细分类账所反映的内容分别采用三栏式、数量金额式、多栏式等。

同记账凭证核算程序不同的是，应另设置科目汇总表。

**2. 科目汇总表账务处理程序的核算步骤**

（1）根据原始凭证或原始凭证汇总表填制记账凭证；

（2）根据收款凭证、付款凭证逐笔登记现金、银行存款日记账；

（3）根据记账凭证和原始凭证（或原始凭证汇总表）逐笔登记各种明细分类账；

（4）根据各种记账凭证定期编制科目汇总表；

（5）根据科目汇总表，定期登记总分类账；

（6）月末对账，现金、银行存款日记账的余额，以及各种明细分类账的余额合计数，分别与总分类账中有关账户的余额核对相符；

（7）月末，根据总分类账和明细分类账资料编制会计报表。

上述核算步骤可用图 6-34 表示。

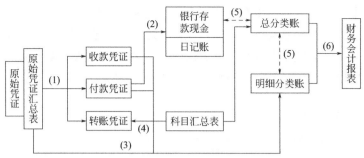

图 6-34 科目汇总表账务处理程序

### 3. 科目汇总表的编制步骤

首先,根据一定时期内的全部记账凭证,按科目进行归类并编制 T 型账户,并分别登记每个账户的本期发生额。

其次,分别计算出每个 T 型账户总账科目的借方发生额合计数、贷方发生额合计数。

最后,根据 T 型账户的本期借方发生额合计数、贷方发生额合计数,编制科目汇总表,由于借贷记账法的记账规则是"有借必有贷,借贷必相等",所以在编制的科目汇总表内,全部总账科目的借方发生额合计数与贷方发生额合计数一定相等。

科目汇总表是根据记账凭证(收款凭证、付款凭证和转账凭证),按照相同的账户进行归类,定期(如 5 天、10 天、15 天或一个月)汇总每一账户的借方发生额和贷方发生额,编制成科目汇总表,所以又称为记账凭证汇总表。科目汇总表的编制方法是:先把需要汇总的记账凭证,按会计科目以"T"型账户的形式编制成工作底稿,然后,把工作底稿上有关账户的借方发生额合计数和贷方发生额合计数填入科目汇总表。科目汇总表的格式如表 6-3 所示。

表 6-3 科目汇总表

编制单位:　　　　　　　　　　　年　月　日　　　　　　　　　汇总　号

| 账户名称 | 账页 | 本期发生额 | | 记账凭证起讫编号 |
| --- | --- | --- | --- | --- |
| | | 借方 | 贷方 | |
| | | | | |
| | | | | |
| | | | | |
| | | | | |
| | | | | |
| | | | | |
| | | | | |
| | | | | |
| | | | | |
| 合计 | | | | |

### 4. 科目汇总表账务处理程序举例

【例 6-6】仍以【例 6-5】永达公司 2018 年 9 月份的相关会计资料为例。

(1)根据原始凭证或原始凭证汇总表填制记账凭证,参见记账凭证账务处理程序;

(2) 根据记账凭证逐笔登记现金、银行存款日记账;(略)
(3) 根据记账凭证和原始凭证(或原始凭证汇总表)逐笔登记各种明细分类账;(略)
(4) 根据各种记账凭证定期(10 天)编制科目汇总表,如表 6-4 所示。

永达公司 2018 年 9 月份经济业务登记"T"型账户如下。

库存现金

| 借 | | 贷 | |
|---|---|---|---|
| (001) | 18 000 | (002) | 12 000 |
| | | (003) | 200 |
| | | (004) | 2 000 |
| | 18 000 | | 14 200 |

银行存款

| 借 | | 贷 | |
|---|---|---|---|
| (005) | 24 000 | (001) | 18 000 |
| | 24 000 | | 18 000 |

应付职工薪酬

| 借 | | 贷 | |
|---|---|---|---|
| (002) | 12 000 | | |
| | 12 000 | | |

管理费用

| 借 | | 贷 | |
|---|---|---|---|
| (003) | 200 | | |
| | 200 | | |

其他应收款

| 借 | | 贷 | |
|---|---|---|---|
| (004) | 2 000 | | |
| | 2 000 | | |

应收账款

| 借 | | 贷 | |
|---|---|---|---|
| | | (005) | 24 000 |
| | | | 24 000 |

表 6-4  科目汇总表

编制单位:永达公司    2018 年 9 月 10 日    汇总 01 号

| 账户名称 | 账页 | 本期发生额 | | 记账凭证起讫编号 |
|---|---|---|---|---|
| | | 借方 | 贷方 | |
| 库存现金 | 略 | 18 000 | 14 200 | |
| 银行存款 | | 24 000 | 18 000 | |
| 应付职工薪酬 | | 12 000 | | |
| 管理费用 | | 200 | | 记账凭证 001-005 号 |
| 其他应收款 | | 2 000 | | |
| 应收账款 | | | 24 000 | |
| 合计 | | 56 200 | 56 200 | |

（5）根据科目汇总表，定期登记库存现金总分类账和应付职工薪酬总分类账（图6-35、图6-36）（其他总账登记方法相同，省略）。

**总　账**

会计科目编号　1001
会计科目名称　库存现金

| 2018年 | | 汇总凭证 | | 摘要 | 借方 亿千百十万千百十元角分 | √ | 贷方 亿千百十万千百十元角分 | √ | 借或贷 | 余额 亿千百十万千百十元角分 | √ |
|---|---|---|---|---|---|---|---|---|---|---|---|
| 月 | 日 | 种类 | 号数 | | | | | | | | |
| 9 | 1 | | | 期初余额 | | | | | 借 | 8 0 0 0 0 | |
| | 10 | 汇 | 1 | 1-10日发生额汇总 | 1 8 0 0 0 0 | | 1 4 2 0 0 0 0 | | 借 | 4 6 0 0 0 0 | |
| | 20 | 汇 | 2 | 11-20日发生额汇总 | | | | | | | |
| | 30 | 汇 | 3 | 21-30日发生额汇总 | | | | | | | |

图 6-35　库存现金总分类账

**总　账**

会计科目编号　2211
会计科目名称　应付职工薪酬

| 2018年 | | 汇总凭证 | | 摘要 | 借方 亿千百十万千百十元角分 | √ | 贷方 亿千百十万千百十元角分 | √ | 借或贷 | 余额 亿千百十万千百十元角分 | √ |
|---|---|---|---|---|---|---|---|---|---|---|---|
| 月 | 日 | 种类 | 号数 | | | | | | | | |
| 9 | 1 | | | 期初余额 | | | | | 贷 | 1 2 0 0 0 0 0 | |
| | 5 | 汇 | 1 | 1-10日发生额汇总 | 1 2 0 0 0 0 0 | | | | 平 | 0 | |

图 6-36　应付职工薪酬总分类账

科目汇总表账务处理程序的优点是：根据科目汇总表登记总分类账，可以大大减少登记总账的工作量，而且科目汇总表还能起到发生额试算平衡的作用，保证登记总账的准确性；其缺点是：科目汇总表是根据会计科目归类汇总的方式编制的，而不是根据对应科目进行汇总的，因此，不能反映各科目的对应关系，不便于分析经济业务的来龙去脉。这种账务处理程序一般适用于规模较大、经济业务量较多的大中型单位。

**【随堂测验】**

**江淮公司"原材料"总账及其所属明细账的登记**

资料：2018年12月月初余额：原材料总账期初余额1 365 000元，所属明细账甲材料结存3 000千克，单价200元，金额600 000元，乙材料结存3 500千克，单价100元，金额350 000元，丙材料结存2 000千克，单价207.5元，金额415 000元。

（1）12月8日，购入甲材料1 000千克，买价200 000元；乙材料2 400千克，买价240 000元；丙材料1 500千克，买价311 250元，增值税计127 712.5元，价款及增值税以银行存款支付，材料已验收入库。

（2）12月25日，生产产品领用材料：生产A产品领用甲材料3 000千克，乙材料4 000千克，丙材料2 500千克。

要求：填写记账凭证，根据记账凭证登记原材料总账及其所属的明细账。

## 五、错账的更正

按照《会计基础工作规范》规定，如果账簿记录发生错误，必须按照规定错账的方法进行更正，不得涂改、挖补或用化学试剂消除字迹。账簿错误的原因不同，所采用的错账更正方法也不相同。

M6-6 错账更正方法

### （一）划线更正法

划线更正法又称红线更正法，用画红线注销原有错误记录，然后在错误记录上方书写正确记录。

记账后、结账前或结账时如果发现账簿记录有错误，而其所依据的记账凭证没有错误，也就是说登账的时候发生文字或数字错误，应采用划线更正的方法进行更正。

划线更正法的操作步骤如下。

（1）将错误的文字或数字划一条红色横线注销，但必须使原有字迹仍可辨认，以备查找。

（2）在划线上方的空白处用蓝字或黑字笔填入正确的文字或数字，并由更正人员在更正处盖章，以明确责任。

**【例6-7】**出纳杨洋根据收字1号凭证登记现金日记账时，将金额1 000元误记为1 320元，更正如图6-37、图6-38所示。

图6-37 收款凭证

现金日记账    3

| 2019年 | | 凭证 | | 对方科目 | 摘要 | 借方 | √ | 贷方 | √ | 余额 | √ |
|---|---|---|---|---|---|---|---|---|---|---|---|
| 月 | 日 | 字 | 号 | | | | | | | | |
| 4 | 1 | | | | 期初余额 | | | | | 4800 00 | |
| | 2 | 现付 | 1 | 管理费用 | 支付办公用品费及电话费 | | | 800 00 | | 4000 00 | |
| | 2 | 现收 | 1 | 应收账款 | 收到大江工厂欠款 杨洋 | 1000 00 | | | | 5000 00 | |
| | 2 | 现付 | 2 | 原材料 | 以现金支付材料款 | | | 800 00 | | 4200 00 | |
| | 2 | | | | 本日合计 | 1000 00 | | 1600 00 | | 4200 00 | |

图 6-38　现金日记账

## （二）红字更正

红字更正又称红字冲销。用红字冲销原有错误的账户记录或凭证记录，以更正或调整账簿记录的一种方法。

以下两种情况可采用红字更正法：第一，根据记账凭证所记录的内容记账以后，在当年内发现记账凭证所记的会计科目或记账方向有错误，从而引起记账错误。第二，根据记账凭证所记录的内容记账以后，当年内发现记账凭证中应借、应贷的会计科目和记账方向都没有错误而所记金额大于应记的正确金额，从而引起的错误。

第一种情况下错账更正的操作步骤如下：

① 填制一张与错误记账凭证内容相同的红字金额记账凭证，并据以红字填写入账，冲销错误记录。在红字金额记账凭证的摘要栏注明"注销×年×月×日第×号凭证错误"。

② 用蓝或黑色水笔填制一张正确的记账凭证，并据以蓝或黑色笔填写入账，更正错账记录。在蓝或黑色书写的记账凭证摘要栏注明"更正×年×月×日第×号凭证"。

【例 6-8】2019 年 4 月 2 日销售部门王亚鸽归还借款 1 000 元。财务人员根据原始凭证填写收款凭证 1 号时误将贷方科目"其他应收款"写成了"应收账款"，并据以登账。如图 6-39 所示。

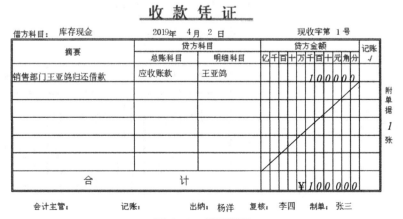

图 6-39　错误凭证

首先填制一张与错误记账凭证内容相同的红字金额记账凭证。如图6-40所示。

**收 款 凭 证**

借方科目：库存现金　　2019年 4月 3日　　现收字第 2号

| 摘要 | 贷方科目 | | 贷方金额 | 记账 |
|---|---|---|---|---|
| | 总账科目 | 明细科目 | 亿千百十万千百十元角分 | √ |
| 注销2017年4月2日现收1号凭证错误 | 应收账款 | 王亚鸽 | 1 0 0 0 0 0 | |
| 合　　计 | | | ¥ 1 0 0 0 0 0 | |

会计主管：　　　记账：　　　出纳：　　　复核：　　　制单：张三

**图6-40　红字金额记账凭证**

其次用黑色水笔填制一张正确的记账凭证。如图6-41所示。

**收 款 凭 证**

借方科目：库存现金　　2019年 4月 3日　　现收字第 3号

| 摘要 | 贷方科目 | | 贷方金额 | 记账 |
|---|---|---|---|---|
| | 总账科目 | 明细科目 | 亿千百十万千百十元角分 | √ |
| 更正2017年4月2日现收1号凭证 | 其他应收款 | 王亚鸽 | 1 0 0 0 0 0 | |
| 合　　计 | | | ¥ 1 0 0 0 0 0 | |

会计主管：　　　记账：　　　出纳：　　　复核：　　　制单：张三

**图6-41　正确凭证**

制单完成交审核人员审核并签章。

最后根据审核无误的凭证登记入账。如图6-42至图6-44所示。

**现 金 日 记 账**　　3

| 2019年 | | 凭证 | | 对方科目 | 摘要 | 借方 | √ | 贷方 | √ | 余额 | √ |
|---|---|---|---|---|---|---|---|---|---|---|---|
| 月 | 日 | 字 | 号 | | | | | | | | |
| 4 | 1 | | | | 期初余额 | | | | | 4 8 0 0 0 0 | |
| | 2 | 现付 | 1 | 管理费用 | 支付办公用品费及电话费 | — | | 8 0 0 0 0 | | 4 0 0 0 0 0 | |
| | 2 | 现收 | 1 | 应收账款 | 销售部门王亚鸽归还借款 | 1 0 0 0 0 0 | | | | 5 0 0 0 0 0 | |
| | 2 | 现付 | 2 | 原材料 | 以现金支付材料款 | — | | 8 0 0 0 0 | | 4 2 0 0 0 0 | |
| | 2 | | | | 本日合计 | 1 0 0 0 0 0 | | 1 6 0 0 0 0 | | 4 2 0 0 0 0 | |
| | 3 | 现收 | 2 | 应收账款 | 注销4月2日现收1号凭证错误 | 1 0 0 0 0 0 | | | | 3 2 0 0 0 0 | |
| | 3 | 现收 | 3 | 其他应收款 | 更正4月2日现收1号凭证 | 1 0 0 0 0 0 | | | | 4 2 0 0 0 0 | |

**图6-42　现金日记账**

应收账款 明细账

总第___页
分第___页

会计科目或编号_____
子目户名或编号 王亚鸽

| 2019年 | | 凭证 | | 摘要 | 对方科目 | 借方 | 贷方 | 借或贷 | 余额 |
|---|---|---|---|---|---|---|---|---|---|
| 月 | 日 | 种类 | 号数 | | | 千百十万千百十元角分 | 千百十万千百十元角分 | | 千百十万千百十元角分 |
| 4 | 2 | 现收 | 1 | 销售部门王亚鸽归还借款 | 库存现金 | | 1 0 0 0 0 0 | 贷 | 1 0 0 0 0 0 |
| 4 | 3 | 现收 | 2 | 注销4月2日现收1号凭证 | 库存现金 | | 1 0 0 0 0 0 | 平 | 0 |

图 6-43 应收账款明细账

其他应收款 明细账

总第___页
分第___页

会计科目或编号_____
子目户名或编号 王亚鸽

| 2019年 | | 凭证 | | 摘要 | 对方科目 | 借方 | 贷方 | 借或贷 | 余额 |
|---|---|---|---|---|---|---|---|---|---|
| 月 | 日 | 种类 | 号数 | | | 千百十万千百十元角分 | 千百十万千百十元角分 | | 千百十万千百十元角分 |
| 4 | 1 | | | 期初余额 | | | | 借 | 1 0 0 0 0 0 |
| 4 | 3 | 现收 | 2 | 更正4月2日现收1号凭证 | 库存现金 | | 1 0 0 0 0 0 | 平 | 0 |

图 6-44 其他应收款明细账

第二种情况下错账更正的操作步骤如下：

① 将多记的金额用红字填制一张与原错误记账凭证所记载的借贷方向、应借应贷会计科目完全相同的记账凭证。

② 根据审核无误的凭证登记入账，以冲销多记金额，求得正确金额。在红字金额记账凭证的摘要栏注明"冲销×年×月×日第×号凭证多记金额"。

【例6-9】2019年4月10日用银行存款50元支付银行手续费。财务人员根据原始凭证填写银付3号凭证时误将金额50元写成了错误金额500元，并据此登记入账。如图6-45所示。

图 6-45 错误凭证

首先将多记的金额用红字填制一张与原错误记账凭证所记载的借贷方向、应借应贷会计科目完全相同的记账凭证，制单完成交审核人员审核并签章。如图6-46所示。

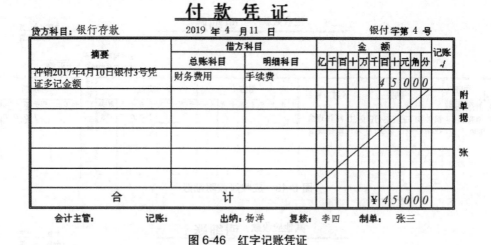

图 6-46 红字记账凭证

最后根据审核无误的凭证登记入账。如图 6-47、图 6-48 所示。

图 6-47 银行账

图 6-48 财务费用明细账

登记完成后错账得到更正,反映正确的金额。

### (三)补充登记法

补充登记又称蓝字登记。根据记账凭证所记录的内容记账以后,结账之前,发现记账凭证中应借、应贷的会计科目和记账方向都没有错误,只是所记金额小于应记的正确金额,应采用补充登记法进行更正。

补充登记法更正的操作步骤如下:

① 按照少记的金额用蓝字或黑字填制一张与原错误记账凭证所记载的借贷方向、应借应贷会计科目相同的记账凭证,摘要栏注明"补记×月×日第×号凭证少记金额"。

② 据审核无误的凭证据以登记入账,以补记少记金额,求得正确金额。

【例 6-10】2019 年 4 月 14 日收到 A 工厂归还的欠款 3 500 元存入银行。财务人员根据原始凭证填写银收 1 号凭证时误将金额 3 500 元写成了错误金额 350 元,并据此登记入账。如图 6-49 所示。

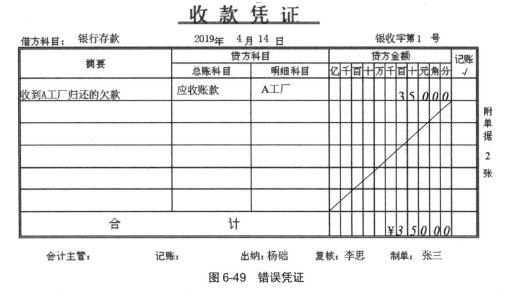

图 6-49 错误凭证

首先按照少记金额用黑字填制一张与原错误记账凭证所记载的借贷方向、应借应贷会计科目相同的记账凭证。制单完成交审核人员审核,并签章。如图 6-50 所示。

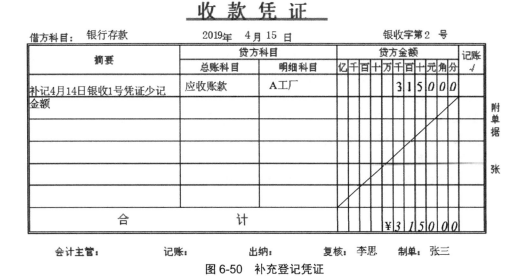

图 6-50 补充登记凭证

最后财务人员根据审核无误的银行存款收款凭证登记银行存款日记账和应收账款明细账。如图 6-51、图 6-52 所示。

银行账    1

| 2019年 | | 记账凭证 | | 对方科目 | 摘要 | 支票种类 号码 | 借方 | 贷方 | √ | 余额 |
|---|---|---|---|---|---|---|---|---|---|---|
| 月 | 日 | 字 | 号 | | | | | | | |
| 4 | 1 | | | | 期初余额 | | | | | 60 000 00 |
| 4 | 10 | 银付 | 3 | 财务费用 | 支付银行手续费 | | | 500 00 | | 59 500 00 |
| 4 | 11 | 银付 | 4 | 财务费用 | 冲销4月10日银付3号凭证多记金额 | | | 450 00 | | 59 950 00 |
| 4 | 14 | 银收 | 1 | 应收账款 | 收到A工厂归还的欠款 | | 350 00 | | | 60 300 00 |
| 4 | 15 | 银收 | 1 | 应收账款 | 补记4月14日银付3号凭证少记金额 | | 3 150 00 | | | 63 450 00 |

图 6-51　银行账

应收账款　明细账

总第　　　页
分第　　　页

会计科目或编号　　　　　
子目户名或编号　A工厂　　

| 2019年 | | 凭证 | | 摘要 | 对方科目 | 借方 | 贷方 | 借或贷 | 余额 |
|---|---|---|---|---|---|---|---|---|---|
| 月 | 日 | 种类 | 号数 | | | | | | |
| 4 | 1 | | | 期初余额 | | | | 借 | 3 000 00 |
| 4 | 14 | 银收 | 1 | 收到A工厂归还的欠款 | 银行存款 | | 350 00 | 借 | 3 035 00 |
| 4 | 15 | 银收 | 1 | 补记4月14日银付3号凭证少记金额 | 银行存款 | | 3 150 00 | 借 | 3 500 00 |

图 6-52　应收账款明细账

根据审核无误的凭证据以登记入账后，补记少记金额，即可反映其正确的金额为 3 500 元。

---

【知识链接】

**总结**

（1）划线更正法

记账后、结账前或结账时如果发现账簿记录有错误，而其所依据的记账凭证无错误，在登账的时候发生文字或数字错误。

（2）红字更正法

① 记账凭证上会计科目正确，登账时金额写多，导致账簿登记错误；

② 记账凭证上会计科目用错，导致账簿登记错误。

（3）补充更正法

记账凭证上会计科目正确，登账时金额写少，导致账簿登记错误。

## 任务四　期末对账和结账

### 一、期末对账

#### （一）对账的含义

在实际工作中，企业需要对一个周期的交易信息进行核对，确保会计信息的正确性、真实性，就离不开对账。那么在期末的时候财务人员如何进行对账呢？所谓对账就是指对前一个周期的交易信息进行核对，以确认交易信息的一致性和正确性的过程。应当定期将会计账簿记录的有关数字与库存实物、货币资金、有价证券往来单位或个人等进行相互核对，保证账证相符、账账相符、账实相符，对账工作每年至少进行一次。确保企业会计信息的真实可靠。

#### （二）对账的内容

对账主要包括账证核对、账账核对和账实核对三方面。

M6-7 期末对账

**1. 账证核对**

即各种会计账簿记录与有关记账凭证及所附原始凭证、记账凭证的时间、凭证字号、内容、金额是否一致，记账的方向是否一致。发现错误之处，并进行更正，这也是保证账账、账实相符的基础。

核对账证是否相符的主要方法如下：
（1）总账与记账凭证汇总表是否相符。
（2）记账凭证汇总表与记账凭证是否相符。
（3）明细账与记账凭证及所涉及的支票号码及其他结算票据种类等是否相符。
（4）日记账与记账凭证及所涉及的支票号码及其他结算票据种类等是否相符。

**2. 账账核对**

是指各种账簿之间的核对相符，主要包括本单位各种账簿之间的有关指标应该核对相符，本单位同其他单位的往来账项应该核对相符。

（1）总分类账簿之间的核对。总分类账簿各账户的期初余额、本期发生额和期末余额之间存在对应的平衡关系，各账户的期末借方余额合计和贷方余额合计也存在平衡关系。核对总分类账户本期发生额和余额对照表（试算平衡表），看总账资产类科目各种账户与负债、所有者权益类科目各账户的余额合计数是否相符。

（2）总账各账与所辖明细账户的各项目之和是否相符。总分类账户与其所属的各个明细分类账户之间本期发生额的合计数应相等。总分类账户与其所属的各个明细分类账户之间的期初、期末余额应相等。

（3）总分类账簿与序时账簿的核对。我国企事业单位必须设置库存现金日记账和银行存款日记账。库存现金日记账必须每天与库存现金核对相符，银行存款日记账也必须定期与银行对账。

（4）明细分类账簿之间的核对。会计部门的有关财产物资的明细分类账的余额应该同财产物资保管部门和使用部门经管的明细记录的余额定期核对相符。

### 3. 账实核对

是指各种财产物资的账面余额与实际数额相核对。

（1）现金日记账的账面余额与现金实际库存数额每日核对，并填写库存现金核对情况报告单作为记录。发生长、短款时，应即列作"待处理财产损溢"，待查明原因经批准后再进行处理。单位会计主管应经常检查此项工作。对库存现金进行清查核对时，出纳人员必须在场，不允许以借条、收据充抵现金。要查明库存现金是否超过限额、是否存在坐支问题。

（2）银行存款日记账的账面余额与开户银行对账单核对。每收到一张银行对账单，经管人员应在3日内核对完毕，每月编制一次银行存款余款调节表，会计主管人员每月至少检查一次，并写出书面检查意见。

（3）财产物资、商品、产品、原材料等明细账的账面余额，应定期与库存数相核对；对其他财产物资账户也要定期核对。年终要进行一次全面的清查。

（4）各种债权、债务类明细账的账面余额要与债权、债务人账面记录核对、清理。对于核对、清理结果，要及时以书面形式向会计主管人员汇报，并报单位领导人。对于存在的问题应采取措施，积极解决。

通过上述对账工作，做到账证相符、账账相符和账实相符，使会计核算资料真实、正确、可靠。

## 二、期末结账

### （一）结账的含义

结账是指在把一定时期（月份、季度、半年度、年度）内发生的经济业务全部登记入账的基础上，将各种账簿的记录结算出本期发生额和期末余额，并将期末余额转入下期的一项会计工作。

### （二）结账的内容

（1）确保将本期发生的经济业务全部登记入账，并保证其正确性。不能为了赶编制会计报表提前结账，也不能把本期发生的经济业务延迟到下个期间去登记，更不能先编制会计报表后结账。

（2）根据权责发生制的要求，调整有关账项，合理确定本期应计的收入和应计的费用。

（3）将损益类账户转入"本年利润"账户，结平所有损益类账户。

（4）结出资产、负债和所有者权益账户的本期发生额和余额，并结转下期，作为下期的期初余额。

### （三）结账的方法

按结账时间不同可以分为月结、季结和年结。但一般只做月结和年结。月度、季度结账划单红线，年度结账划双红线。

#### 1. 月结

是指月末对本月账簿记录所进行的总结。月末在账簿中进行月终结账时，在本月末最末一笔业务发生额下面划一通栏红线，在红线下结出本月发生额合计数和月末余额，并在摘要栏内注明"×月份月结"或"×月发生额及余额"或"本月合计"字样，然后在合计数下再划一道通栏红线。

对于本月份未发生数额变化的账户不进行月结。月结时如果没有余额，应在余额栏内写上"平"或在元位写"0"的符号。

### 2. 季结

通常在每季度的最后一个月月结的下一行，在摘要栏内注明"本季合计"或"本季度发生额及余额"，同时结出借、贷方发生总额及季末余额。然后，在这一行下面划一条通栏单红线，表示季结的结束。

### 3. 年结

是指年末时对本年账簿记录所进行的总结。在第四季度季结的下一行，在摘要栏注明"本年合计"或"本年发生额及余额"，同时结出借、贷方发生额及期末余额。然后在这一行下面划上通栏双红线，以示封账。

注意：划红线是办理结账的标志。

# 任务五　账簿的更换与保管

## 一、更换账簿

账簿是企业重要的档案，为了保持会计账簿资料的连续性，在每一会计年度结束，新的会计年度开始时，应按会计制度规定，进行账簿的更换。同时对旧账簿加以妥善保管。

账簿更换的具体做法如下。

### 1. 每年更换一次

总账、日记账和大部分明细账，要每年更换一次。

年初，将旧账簿上的各账户的余额直接记入新账簿中有关账页的第一行"余额"栏内，并标明余额方向。同时，在"摘要"栏内加盖"上年结转"戳记。将旧账页最后一行数字下的空格，划一条红线注销，并在旧账页最后一行"摘要"栏内加盖"结转下年"戳记。在新旧账户之间转记余额，不需要编制记账凭证。

在年度内，订本账记满更换新账时，其办理与年初更换新账簿相似的手续。

### 2. 连续使用

（1）对于数额变动较小、内容格式特殊的明细账，如固定资产明细账，可以连续使用。有些财产物资明细账和债权、债务明细账，由于材料品种、规格和往来单位较多，更换新账、重抄一遍的工作量较大，可以连续使用多年，而不必每年更换新账。但在"摘要"栏内要加盖"结转下年"戳记，以划分新旧年度之间的金额。

（2）各种备查账簿也可以连续使用。

## 二、保管账簿

正在使用的账簿，由经管账簿的会计人员负责保管。账簿在更换新账后除跨年使用的账簿外，其他账簿应按时整理归入会计档案保管。

### （一）装订账簿的要求

#### 1. 账簿装订前的工作

首先按"账簿启用及经管人员一览表"的使用页数核对账户是否相符、账页是否齐全、序号排列是否连续。然后，按会计账簿封面、账簿启用及经管人员一览表、账户目录和排序整理好的账页顺序装订。

### 2.活页账簿装订要求

将账页填写齐全，去除空白页和账夹，并加具封底封面；多栏式活页账、三栏式活页账、数量金额式活页账等不得混装，应按同类业务、同类账页装订在一起；在装订账页的封面上填写好账簿的种类，编好卷号，由会计主管人员、装订人或经办人签章。

### 3.账簿装订后的其他要求

会计账簿应牢固、平整，不得有折角、缺角、错页、掉页、加空白纸的现象。会计账簿的封口要严密，封口处要加盖印章。封面应齐全、平整，并注明所属年度及账簿名称、编号，编号要一年一编，编号顺序是总账、现金日记账、银行存款日记账、分类明细账。旧账装订完毕后，按规定要求进行保管。

## （二）保管账簿的要求

各种账簿应按年度分类归档，编制目录，妥善保管。会计账簿一般暂由本单位财务会计部门保管1年，期满之后，由财务会计部门编造"会计档案移交清册"，移交本单位的档案部门保管，其保管年限和销毁审批程序应按会计制度的规定严格执行。

## 【课后思考】

1. 设置账簿有何重要意义？
2. 账簿的种类有哪些？
3. 如何设置总分类账、明细分类账、日记账？
4. 如何登记总分类账？
5. 更正错账的方法哪些？如何使用？
6. 如何进行对账和结账？

# 项目七

# 财产清查

【学习目标】
1. 理解财产清查的必要性和种类;
2. 掌握各种材料物资、货币资金和往来款项的清查方法;
3. 会对各种财产物资进行清查;
4. 能对财产清查的结果进行账务处理。

【引导案例】
　　东方公司在盘点存货时,发现甲材料盘亏60千克,单位成本280元,乙材料盘亏20千克,单位成本120元。经查明原因,甲材料短缺是由于非常灾害造成的材料毁损;乙材料盘亏是由于管理不善造成的定额内损耗。对此,东方公司该如何进行账务处理?

## 任务一　财产清查认知

### 一、财产清查的意义

#### (一) 财产清查的概念

　　财产清查是指通过对货币资金、实物资产和往来款项的盘点或核对,确定各项财产物资、货币资金、债权债务的实存数,并查明账存数与实存数是否相符的一种专门方法。它是会计核算方法体系的一个组成部分。

　　任何企业、单位各项资产的增减变动及其结存情况通过凭证的正确编制与严格的审核、账簿登记与核对已经可以得到正确的反映。但是账簿记录的正确性,不足以说明账簿记录的真实。即使在账证相符、账账相符的情况下,由于有多种原因可能出现资产账面结存数与实际结存数不一致。因此为了保证会计资料的真实性,必须运用财产清查的方法,对各项资产进行定期或不定期的盘点与核对,做到账实相符。

　　造成各种财产账实不符的原因主要有以下几个方面:
　　(1) 在收、发各项财产过程中,由于计量、检验不准确而发生品种、数量或质量上的差错。
　　(2) 在财产发生增减变动时,没有填制凭证而登记入账;或者在填制凭证、登记账簿时,发生计算上或登记上的差错。
　　(3) 在财产的保管过程中,受到气候等自然因素影响如风吹、日晒、雨淋等而发生自然损耗。
　　(4) 由于保管不善或工作人员失职发生的财产残损、变质与短缺,以及货币资金、债权债务的差错。

(5) 由于不法分子营私舞弊，贪污盗窃等造成的财产物资损失。

(6) 因未达账项或拒付等原因而引起单位之间账账不符等。

无论以上哪一种情况造成的账实不符，都要通过财产清查发现问题，并进行调整，所以财产清查对于保护企业财产的安全、完整具有十分重要的意义。

### (二) 财产清查的意义

**1. 保证会计资料的真实可靠**

通过财产清查，可以查明各项财产物资的实有数量，确定实有数量与账面数量之间的差异，查明原因和责任，以便采取有效措施，消除差异，改进工作，从而保证账实相符，提高会计资料的准确性。

**2. 保证财产物资的安全完整**

通过财产清查，可以查明各项财产物资的保管情况是否良好，有无因管理不善，造成霉烂、变质、损失浪费，或者被非法挪用、贪污盗窃的情况，以便采取有效措施，改善管理，切实保障各项财产物资的安全完整。

**3. 促进财产物资的有效利用**

通过财产清查，可以查明各项财产物资的库存和使用情况，合理安排生产经营活动，充分利用各项财产物资，加速资金周转，提高资金使用效果；另外，还可以查明各种款项的结算情况，有无长期拖欠、拒付款项及未达账项等，以便及时发现问题，为加速资金周转，提高资金使用效果，加强经济管理提供依据。

## 二、财产清查的种类

### (一) 财产清查按照清查的范围不同，可分为全面清查和局部清查

**1. 全面清查**

全面清查是指对所有的资产进行全面的清查、盘点与核对。全面清查可以了解企业整个资产的详细情况，但由于全面清查涉及的范围大、内容广、参与的人员多、花费的时间长，因此一般涉以下情况需要进行全面清查。

(1) 年终决算之前，为保证年终会计资料真实正确，需要进行一次全面清查；

(2) 单位撤销、合并或改变隶属关系前；

(3) 中外合资、国内联营前；

(4) 企业股份制改造前；

(5) 开展全面的资产评估、清产核资前；

(6) 单位主要领导调离工作前；

(7) 发生重大经济违法事件等。

**2. 局部清查**

局部清查是指对一部分财产进行的盘点与核对，具有清查范围小、内容少、时间短、参与人员多专业性强等特点。局部清查的对象应根据管理需要确定，一般限于流动性较大又易于损耗的物资和比较贵重的财产。如：

(1) 库存现金要每日清查一次；

(2) 银行存款至少每月同银行核对一次；

（3）单位往来债权债务每年至少要核对一至两次；

（4）企业的原材料、在产品、库存商品等，除年终全部清查外，还应在年内轮流盘点或重点抽查；

（5）各种贵重财产每月至少要清查一次。

### （二）财产清查按照清查的时间不同，可分为定期清查和不定期清查

定期清查是指按计划在规定的时间内对财产进行的清查。一般是在月末、季末或年终结账前进行。通过定期清查，可以在编制会计报表前发现账实不符的情况，并据以调整有关账簿的记录，使账实相符，保证会计资料的真实性。

不定期清查是指预先不规定清查时间而临时进行的财产清查，因此，也称临时清查。不定期清查一般在以下几种情况下进行：

（1）更换财产物资和现金保管人时；

（2）财产发生非常灾害或意外损失时；

（3）有关单位对企业进行审计查账时；

（4）企业关、停、并、转、清产核资、破产清算时。

定期清查和不定期清查的范围，可以是全部清查也可以是局部清查。

## 任务二　财产清查的一般程序和方法

### 一、财产清查的一般程序

为了保证财产清查的质量，充分发挥财产清查的作用，必须按照规定的程序，科学合理地组织清查工作。财产清查的一般程序包括准备、实施和总结阶段。

#### （一）财产清查的准备阶段

财产清查的准备阶段，这一阶段包括以下两个方面内容。

**1. 组织准备**

为了有组织、有计划地进行财产清查，应成立由厂长（经理）、总会计师、技术人员和保管人员组成的财产清查领导小组，负责清查工作。清查小组的任务具体包括以下工作：①负责清查工作意义的宣传，提高有关搞好清查工作的自觉性；②制定清查工作计划，确定清查范围，规定清查时间和步骤；③配备清查人员，落实清查人员的分工和职责；④协调有关部门处理清查中出现的矛盾，检查清查工作的质量，提出清查结果的处理意见。

**2. 业务准备**

为了保证财产清查的质量，达到确定各项财产物质是否账实相符的目的，还必须保证清查工具的质量。为此，凡是与清查有关的工具都要在财产清查开始之前做好准备。准备的具体工作如下：①为了保证财产清查的质量，达到确定各项财产物资是否账实相符，为了保证账簿记录的正确，会计部门应在清查之前将截至清查日止的全部经济业务登记入账，结算出总账和明细账的余额，并相互核对，做到账证相符和账账相符。②为了保证财产清查工作有序而高效地进行，实物保管部门应将准备清查的各种财产分类整理清楚，排列整齐，并分别悬挂标签，详细标明实物的编号、名称、规格、结存数量等。③为了保证财产清查时对实物计量的

正确性，有关人员应在清查地点准备好各种必要的度量衡器具，印制有关的盘点表格等。

### （二）财产清查的实施阶段

财产清查准备工作就绪，由清查人员根据各种资产的自然属性，采取相应的方法对其数量与质量予以清查。为明确责任，在财产清查过程中实物保管人员必须在场，并参加盘点工作，盘点结果应由清查人员填写"盘存单"，详细说明各项财产物资的编号、名称、规格、计量单位、数量、单价、金额等，并由盘点人员和实物保管人员分别签字盖章。

盘存单是实物盘点结果的书面证明，也是反映财产物质实存数额的原始凭证。其一般格式如表 7-1 所示。

表 7-1　盘存单

单位名称：　　　　　　　　　　　　　　　　　　编号：
财产类别：　　　　　　　　　　　　　　　　　　盘点时间：
　　　　　　　　　　　　　　　　　　　　　　　存放地点：

| 编号 | 名称 | 规格 | 计量单位 | 数量 | 单价 | 金额 | 备注 |
|------|------|------|----------|------|------|------|------|
|      |      |      |          |      |      |      |      |
|      |      |      |          |      |      |      |      |
|      |      |      |          |      |      |      |      |
|      |      |      |          |      |      |      |      |

盘点人签章：　　　　　　　　　　　　　　　　实物保管人签章：

### （三）总结阶段

盘点完毕，会计部门应根据盘存单上所列的物资的实际结存数与账面结存记录进行核对，发现某些财产物资账实不符时，填制实存账存对比表，确定财产物质盘存或盘亏的数额。实存账存对比表是财产清查的重要依据。其一般格式如表 7-2 所示。

表 7-2　实存账存对比表

单位名称：　　　　　　　　　　　　年　月　日

| 编号 | 类别及名称 | 计量单位 | 单价 | 实存 | | 账存 | | 对比结果 | | | | 备注 |
|------|-----------|----------|------|------|------|------|------|------|------|------|------|------|
|      |           |          |      | 数量 | 金额 | 数量 | 金额 | 盘盈 | | 盘亏 | | |
|      |           |          |      |      |      |      |      | 数量 | 金额 | 数量 | 金额 | |
|      |           |          |      |      |      |      |      |      |      |      |      |      |
|      |           |          |      |      |      |      |      |      |      |      |      |      |
|      |           |          |      |      |      |      |      |      |      |      |      |      |
|      |           |          |      |      |      |      |      |      |      |      |      |      |

## 二、财产清查的方法

### （一）货币资金的清查方法

**1. 库存现金的清查方法**

库存现金的清查方法应采用实地盘点法。先通过盘点库存现金的实有数，再与现金日记账的余额进行核对,以查明账实是否相符。现金清查包括以下两种情况:一种是由出纳人员每日清点库存现金实有数,并与现金日记账结余数相核对,这种经常性的现金清查工作,是出纳人员的职责。在实行严格的内部控制制度情况下,这种方法也是比较省时、省力,确有成效的清查方法。但在管理岗位责任制不严格的情况下,只采用这种方法不够严密,容易出漏洞。因此,在实际工作中,除了由出纳人员对现金进行经常性清查外,还应由清查小组对库存现金进行定期或不定期清查。清查时,出纳人员必须在场,现金由出纳人员经手盘点,清查人员从旁监督。同时,清查人员还要认真审核现金收付凭证和有关账簿,检查账务处理是否合理合法,账簿记录有无错误,以确定账存与实存是否相符。对于临时挪用金额给个人的现金,不允许以白条收据抵充;对于超过银行核定限额的现金在送存之前应严格核算与清查;对于坐支现金,不得超过银行审批的范围和定额,更不允许任意坐支。在进行现金清查之前,出纳员应将有关先前收入、付出业务凭证全部登记入账,并结出余额,作为核对现金实存数量与账存数量是否相符的依据。清查结束后,应根据清查结果填制现金盘点报告表,其一般格式如表 7-3 所示。

表 7-3 库存现金盘点表

单位名称:　　　　　　　　　　　　　　　年　月　日

| 实存余额 | 账存余额 | 对比结果 | | 备注 |
|---|---|---|---|---|
| | | 盘盈 | 盘亏 | |
| | | | | |
| | | | | |
| | | | | |
| | | | | |

盘点人员签章:　　　　　　　　　　　　　　出纳人员签章:

**2. 银行存款的清查方法**

银行存款的清查方法与实物和库存现金的清查方法不同,它是采取与银行核对账目的方法进行的。核对前应把截止到清查日所有银行存款的收付业务登记入账,并结出余额。然后应将单位存款日记账上的每一笔收支业务与银行对账单逐笔核对,不仅要核对金额,更重要的是核对结算凭证的种类、号数是否相等。对于核对相等的业务记录应用铅笔在双方的账目上画"√"或其他标志。如发现错账、漏账,应查清原因并及时更正。但有时即使在双方记账均无差错的情况下,也往往会出现双方的余额不相一致的情况。这是由于存在未达账项引起的。

所谓未达账项,是指企业与银行之间,由于凭证传递上的时间差,一方已收到结算凭证已登记入账,而另一方尚未收到结算凭证因而尚未登记入账的款项。具体有以下四种情况。

(1) 企业已收,银行未收的款项。如企业销售产品收到支票,送存银行后即可根据银行盖章退回的"进账单"回单联登记银行存款的增加,而银行则要等款项收妥后才能登记增加,如果此时对账,就形成了企业已收款入账,银行尚未收款入账的款项。

(2) 企业已付,银行未付的款项。如企业开出一张支票支付购料款,企业可根据支票存根、发票及收料单等记银行存款的减少,而这时银行由于未接到支付款项的凭证而尚未记银行存款减少,如果此时对账,就形成了企业已付款入账,银行尚未付款入账的款项。

(3) 银行已收,企业未收的款项。如外地某单位给企业汇来货款,银行收到汇款单后,登记企业银行存款增加，企业由于未收到汇款凭证尚未记银行存款增加，如果此时对账就形成了银行已收款入账，企业尚未收款入账的款项。

（4）银行已付，企业未付的款项。如银行代企业支付款项，银行已取得支付款项的凭证登记银行存款的减少，企业由于未接到凭证尚未登记银行存款减少，如果此时对账，就形成了银行已付款入账，企业尚未付款入账的款项。

如果是由于未达账项导致的账单余额不符，则应编制"银行存款余额调节表"来检验调整后的账面余额是否相等。编制银行存款余额调节表的依据是银行对账单上银行存款余额与企业银行存款日记账账面余额及未达账项之间的关系，消除未达账项的影响后，双方银行存款的余额应该相等，并且是企业当时实际可以动用的款项。其计算公式如下：

企业银行存款日记账余额 + 银行已收企业未收款项 − 银行已付企业未付款项
= 银行对账单余额 + 企业已收银行未收款项 − 企业已付银行未付款项

【例 7-1】资料：某公司 2019 年 6 月 30 日银行存款日记账余额为 57 000 元，该公司银行存款日记账如表 7-4 所示，银行对账单余额为 155 800 元，对账单如表 7-5 所示。

表 7-4　银行存款日记账

| 2019 年 | | 凭证编号 | 摘要 | 对方科目 | 借方 | 贷方 | 余额 |
|---|---|---|---|---|---|---|---|
| 月 | 日 | | | | | | |
| 6 | 1 | | 期初余额 | 略 | | | 150 000 |
| | 3 | 略 | 偿还欠款 | | | 40 000 | 110 000 |
| | 5 | | 收回欠款 | | 37 000 | | 147 000 |
| | 12 | | 存入销货款 | | 35 100 | | 182 100 |
| | 18 | | 提取现金 | | | 50 000 | 132 100 |
| | 26 | | 购买材料 | | | 17 000 | 115 100 |
| | 29 | | 收到销货款 | | 20 000 | | 135 100 |
| | 30 | | 开出支票偿还宏图公司购料款 | | | 35 100 | 100 000 |
| | 30 | | 开出支票购入设备一台 | | | 43 000 | 57 000 |

表 7-5　银行对账单

| 2019 年 | | 摘要 | 结算凭证 | | 存入 | 支出 | 余额 |
|---|---|---|---|---|---|---|---|
| 月 | 日 | | 种类 | 号数 | | | |
| 6 | 1 | 期初余额 | | | | | 150 000 |
| | 3 | 付甲公司 | 转支 | 54 | | 40 000 | 110 000 |
| | 5 | 收乙公司 | 委收 | | 37 000 | | 147 000 |
| | 12 | 存入销货款 | 进账单 | | 35 100 | | 182 100 |
| | 18 | 付现金 | 现支 | 42 | | 50 000 | 13 2100 |
| | 26 | 付丁单位 | 转支 | 56 | | 17 000 | 115 100 |
| | 30 | 支付电费 | 托收 | | | 24 300 | 90 800 |
| | 30 | 托收款划回 | 托收 | | 65 000 | | 155 800 |

要求：将银行存款日记账与银行对账单进行核对，编制银行存款余额调节表，如表 7-6 所示。

**表 7-6　银行存款余额调节表**

2019 年 6 月 30 日　　　　　　　　　　　　　　　　　　　　　　　　单位：元

| 项　目 | 金额 | 项　目 | 金额 |
|---|---|---|---|
| 企业银行存款日记账余额 | 57 000 | 银行对账单余额 | 155 800 |
| 加：银行已收企业未收款 | 65 000 | 加：企业已收银行未收款 | 20 000 |
| 减：银行已付企业未付款 | 24 300 | 减：企业已付银行未付款 | 78 100 |
| 调节后的余额 | 97 700 | 调节后的余额 | 97 700 |

需要说明的是如果调整后，双方账面银行存款余额相符，则说明企业银行存款账实相符，否则应继续检查。另外，未达账项并非错账，并不需要根据银行存款余额调节表更改账簿记录，对于未达账项也并不立即作账务处理。银行存款余额调节表只是清查的一种方式，不能作为账务处理的原始依据。通常作为清查资料与银行对账单一并附在当月银行存款日记账后保存。对于银行已入账而单位未入账的未达账项，应在收到有关原始凭证后，才能据以编制记账凭证，登记入账。

### （二）实物资产的清查方法

#### 1. 实物资产的清查方法的种类

由于企业财产种类较多，各有特点，因此在清查时要采用不同的方法。

（1）实地盘点法。是指在财产物资存放现场逐一清点数量或用计量仪器确定其实存数的一种方法，即到实物保管现场，通过点数、过磅、量尺等方法来确定实物的实存数量的方法；在清查工作中，为了清查方便，凡是可以通过实地盘点的财产物资应尽量用标准器具详细计量，并在事前按"五五"堆码等方法进行堆放。该方法适用于容易清点或计量的财产物资以及现金等货币资金的清查。例如对原材料、包装物、库存商品、固定资产的清查。实地盘点法优点是数字准确可靠，不足之处是工作量较大。

（2）技术测定法。是指利用技术方法推算财产物资实存数的方法。即将实物整理成近似某种几何体，然后测量出体积，据以计算出实物数量的方法；主要适用于那些大量成堆、价廉笨重且不能逐项清点的物资，如露天堆放的煤、砂石、焦炭等。使用这种方法时，必须做到测定标准重量比较准确，整理后的形状符合规定要求。只有这样，计算出的实际数额才能接近实际。

#### 2. 存货的清查

存货的清查通常采用实地盘点法，其一般清查的程序如下：

（1）盘点前将存货的有关账簿结出余额。

（2）进行实地盘点。到现场，通过点数、过秤、尺量等适当的技术方法来确定存货的实存数，根据盘点结果填入存货"盘存单"，并由盘点人员和存货保管员签字或盖章。为了明确经济责任，盘点时存货保管员必须在场，并参加盘点工作。"盘存单"是记录各项存货实存数量的书面证明，也是财产清查工作的原始凭证之一。盘存单的一般格式如表 7-7 所示。

（3）编制实存账存对比表。为了进一步查明实存数与账存数是否一致，在盘点出各种实物的实存数后，会计人员应根据盘存单和账簿记录编制实存账存对比表，以分析实存数和账面数之间的差异，明确经济责任。此表是调整账簿记录的原始凭证。其一般格式如表 7-8 所示。

表 7-7　盘存单

年　月　日

单位名称：　　　　　　　　　　　　　　　　　存放地点：
财产类别：　　　　　　　　　　　　　　　　　编　　号：

| 编号 | 名称 | 单位 | 数量 | 单价 | 金额 | 备注 |
|---|---|---|---|---|---|---|
|  |  |  |  |  |  |  |
|  |  |  |  |  |  |  |
|  |  |  |  |  |  |  |
|  |  |  |  |  |  |  |
|  |  |  |  |  |  |  |

盘点人签字或盖章：　　　　　　　　　　　　实物保管人签字或盖章：

表 7-8　实存账存对比表

年　月　日

单位名称：　　　　　　　　　　　　　　　　　　　　　　　　　金额单位：元

| 编号 | 名称规格 | 计量单位 | 单价 | 实存 | | 账存 | | 对比结果 | | | | 备注 |
|---|---|---|---|---|---|---|---|---|---|---|---|---|
|  |  |  |  |  |  |  |  | 盘盈 | | 盘亏 | | |
|  |  |  |  | 数量 | 金额 | 数量 | 金额 | 数量 | 金额 | 数量 | 金额 | |
|  |  |  |  |  |  |  |  |  |  |  |  |  |
|  |  |  |  |  |  |  |  |  |  |  |  |  |
|  |  |  |  |  |  |  |  |  |  |  |  |  |
|  |  |  |  |  |  |  |  |  |  |  |  |  |

复核人：　　　　　　　　　　　　　　　　编制人：

表中的"实存"栏的数量和金额，应根据盘存单记录填列；"账存"栏中的数量和金额，应根据各种存货明细账的余额填列。账存数小于实存数，填列在"盘盈"栏内，反之，账存数大于实存数，填列"盘亏"栏内。其盘盈、盘亏的原因则在"备注"栏内注明。

**3. 固定资产的清查**

固定资产的清查与存货一样，一般采用实地盘点法。进行固定资产盘点时，其保管人员必须在场。对各项固定资产盘点的结果，应逐一如实地登记在盘存单上，并有参加盘点的有关人员和保管人员同时签章生效。盘点完毕，将盘存单中所记录的实存数和账存数余额进行对比，发现某些固定资产账实不符时，填列实存账存对比表，确定固定资产盘盈或盘亏数额。

进行固定资产清查，不仅应查明账实是否相符，还需进一步检查固定资产的使用、保管和维修情况，以便采取措施，改进固定资产管理，发挥其效能。

**（三）往来款项的清查方法**

往来款项的清查主要指的是对应收款、应付款、暂收款等款项的清查（其中的暂收款通过"其他应付款"核算）。对于往来款项的清查，一般采用函证法进行核对。在保证本单位所记账目正确完整的基础上，按每一个经济往来单位编制往来款项对账单（询证函），寄往各往来单位进行核对。询证函一式两联，其中一联作为回单联，另一联送交对方单位核对账目，对方单位经过核对相符后，在回单上加盖公章退回；如不相等则在回单联上注明情况寄回本单位。往来款项对账单格式如图 7-1 所示。

_____ 单位：

你单位2017年6月15日到我厂购入甲产品300件，已付货款200 000元，尚有100 000元货款未付，请核对后将回单联寄回。

×× 单位：（盖章）

2017年12月10日

沿此虚线剪开，将以下回单联寄回！

往来款项对账单（回联）

_____ 单位：

你单位寄来的往来款项对账单已收到，经核对相符无误。

×× 单位：（盖章）

2017年12月10日

**图 7-1　往来款项对账单**（询证函）

收到上述回单后，应据此编制往来款项清查报告表，填列各项债权债务的余额。注明核对相符与不符的款项，对不符的款项按有争议、未达账项、无法收回等情况归类合并，针对具体情况及时采取措施予以解决。往来款项清查报告表一般格式如表7-9所示。

**表 7-9　往来款项清查报告表**

总分类账户名称：　　　　　　　　　　　　　　　　　年　月　日

| 明细分类账 | | 清查结果 | | 核对不符原因分析 | | | 备注 |
|---|---|---|---|---|---|---|---|
| 账户名称 | 账面余额 | 相符金额 | 不符金额 | 未达账项金额 | 有争议款金额 | 其他 | |
|  |  |  |  |  |  |  |  |
|  |  |  |  |  |  |  |  |
|  |  |  |  |  |  |  |  |
|  |  |  |  |  |  |  |  |

清查人员签章：　　　　　　　　　　　　　　　记账人员签章：

# 任务三　财产清查结果的账务处理

## 一、财产清查结果的处理步骤

### （一）核准数字，查明原因，提出处理方法

根据财产清查的情况，核准各项财产物资的盘亏、盘盈数，分析差异产生的原因，明确

经济责任，提出处理方法，按照规定程序报经有关部门审批后，予以认真处理。

### （二）调整账簿记录，保证账实相符

在核准数字，查明各种差异的性质和原因的基础之上，根据实存账存对比表编制记账凭证，并据以入账，做到账实相符。

### （三）根据批复处理意见，编制记账凭证据以入账，予以核销

根据财产物资差异的性质和原因，报经有关部门批准后取得的批复处理意见，编制记账凭证，据此登记入账，予以核销。

## 二、财产清查结果的账务处理

"待处理财产损溢"账户是用来核算企业在财产清查过程中查明的各种财产盘盈、盘亏和毁损价值的账户。在该账户下应设置"待处理固定资产损溢"和"待处理流动资产损溢"两个明细分类账户进行明细核算。

待处理财产损溢

| 借 | 贷 |
| --- | --- |
| 登记各种财产盘亏、毁损数<br>按规定程序批准的盘盈转销数 | 登记各种财产的盘盈数<br>按规定程序批准的盘亏、毁损转销数 |
| 反映企业尚未处理的各种财产的净损失 | 企业尚未处理的各种财产的净溢余 |

期末处理后，该账户应无余额。

现举例说明财产清查结果的账务处理方法。

### （一）库存现金清查结果的账务处理

【例 7-2】M 公司在盘点现金时，发现短缺 300 元，其中 200 元系由出纳员过失造成，100 元系无法查明的其他原因造成。

财产清查中发现现金短缺应先调整账簿记录，做到账实相符，根据库存现金盘点报告表作会计分录如下：

借：待处理财产损溢——待处理流动资产损溢　　　300
　　贷：库存现金　　　　　　　　　　　　　　　　300

上述现金短缺公司批准后予以转销。根据批准文件短缺现金应由出纳员王丽赔偿 200 元，其余 100 元记入"管理费用"，作会计分录如下：

借：其他应收款——王丽　　　　　　　　　　　　200
　　管理费用　　　　　　　　　　　　　　　　　100
　　贷：待处理财产损溢——待处理流动资产损溢　　300

注：若现金的短缺属于保险公司赔款，则计入"其他应收款——应收保险赔款"。现金的溢余属无法查明原因的，转入"营业外收入"，属于应支付给有关人员或单位的，应转入"其他应付款——应付现金溢余（某单位或某人）"。

**【例 7-3】** 某企业某月份在财产清查中，发现长款 280 元。

借：库存现金　　　　　　　　　　　　　　　　　280
　　贷：待处理财产损溢——待处理流动资产损溢　　280

经反复核查，未查明原因，报经批准作"营业外收入"处理。

借：待处理财产损溢——待处理流动资产损溢　　280
　　贷：营业外收入　　　　　　　　　　　　　　280

## （二）存货清查结果的账务处理

**【例 7-4】** 某公司在盘点存货时，发生盘亏 A 材料 100 千克，单位成本 350 元。（不考虑增值税）

（1）在清查中发现盘亏材料，在报经批准前应先调整账面记录，使账实相符，根据实存账存对比表作会计分录如下：

借：待处理财产损溢——待处理流动资产损溢　　35 000
　　贷：原材料——A 材料　　　　　　　　　　　35 000

（2）上项盘亏的材料，报批准后予以转销。材料盘亏，报经董事会批准分别作如下处理：①材料短缺的 800 元由过失人赔偿。②由于非常灾害造成的材料毁损 32 000 元，列入"营业外支出"。③由于经营不善以及定额内的损耗造成材料短缺分别为 1 200 元和 1 000 元，列入"管理费用"。

根据上述处理意见，作会计分录如下：

借：其他应收款——应收材料短缺（过失人）　　800
　　营业外支出　　　　　　　　　　　　　　　32 000
　　管理费用　　　　　　　　　　　　　　　　2 200
　　贷：待处理财产损溢——待处理流动资产损溢　35 000

**【例 7-5】** 财产清查中盘盈原材料 B 材料 100 千克，单位成本 80 元。

（1）财产清查中发现材料盘盈应先调整账面记录，做到账实相符，根据实存账存对比表作会计分录如下：

借：原材料——B 材料　　　　　　　　　　　　8 000
　　贷：待处理财产损溢——待处理流动资产损溢　8 000

（2）经查明 B 材料的盘盈是由于计量不准造成的，经董事会批准，直接冲减期间费用，计入"管理费用"账户，根据批准文件作会计分录如下：

借：待处理财产损溢——待处理流动资产损溢　　8 000
　　贷：管理费用　　　　　　　　　　　　　　8 000

**【例 7-6】** 某公司在财产清查中发现短缺设备一台，原价 80 000 元，已提折旧 20 000 元。

（1）发现盘亏固定资产，报经批准前应先调整账面记录。应作会计分录如下：

借：待处理财产损溢——待处理固定资产损溢　　60 000
　　累计折旧　　　　　　　　　　　　　　　　20 000
　　贷：固定资产　　　　　　　　　　　　　　80 000

（2）经董事会批准盘亏设备列"营业外支出"处理。根据批准文件作会计分录如下：

借：营业外支出　　　　　　　　　　　　　　　60 000
　　贷：待处理财产损溢——待处理固定资产损溢　60 000

## （三）往来款项清查结果的账务处理

企业无法收回的应收款和无法支付的应付款，在报经批准后，按规定的方法进行会计处理，不需通过"待处理财产损溢"账户。

【例 7-7】某企业应付长江公司的账款 32 000 元，由于对方撤销，已确认无法支付。

借：应付账款——长江公司　　　　　　　32 000
　　贷：营业外收入　　　　　　　　　　　32 000

【课后思考】

1. 财产清查的意义是什么？
2. 造成账实不符的原因有哪些？
3. 财产清查的种类有哪些？
4. 怎样进行库存现金和银行存款的清查？
5. 什么叫未达账项？未达账项产生的原因是什么？

M7-1 拓展阅读：
财产物资盘存
制度

M7-2 在线测试

# 项目八
# 财务报表的编制

【学习目标】
1. 掌握财务报表的概念、分类及格式；
2. 掌握资产负债表的编制；
3. 掌握利润表的编制。

【引导案例】

小明在一家公司做财务工作。一天，公司 CEO 打电话过来询问小明："公司账上还有多少钱？"请问：公司 CEO 为什么不问公司账上有多少利润？这和本章讲的账务报表知识有什么联系？

## 任务一　认识财务报表

### 一、财务报表的概念和内容

#### （一）财务报表的概念

在日常会计核算中，企业所发生的各项经济业务都已按照一定的会计程序，在有关的账簿中进行全面、连续、分类、汇总地记录和计算，一定日期的财务状况和一定时期内的经营成果，在日常会计记录中已经得到反映。但是，因为日常核算资料数量太多，而且较为分散，不能集中概括反映企业的财务状况与经营成果，企业管理者、投资人、债权人和财政、税务等部门及其他与企业利益相关者，不能直接利用这些较为分散的会计记录来分析评价企业的财务状况与经营成果并据以作出正确的决策。为此，就有必要定期将日常会计核算资料加以分类调整、汇总，按照一定的形式编制财务报表，总括、综合地反映企业的经济活动过程和结果，为有关方面进行管理和决策提供有用的会计信息。

为了规范企业财务报表，保证财务报表的真实、完整，我国于 2006 年 2 月 15 日颁布的《企业会计准则——基本准则》第四十四条对财务报表作了如下规定："财务报表是指企业对外提供的反映企业某一特定日期财务状况和某一会计期间经营成果、现金流量等会计信息的书面文件。"

"财务报表包括会计报表及其附注和其他应当在财务报表中披露的相关信息和资料。"

由此可见，企业财务报表的核心内容是会计报表，编制财务会计报表的过程，是对日常核算资料进行综合和系统化的过程。因此，编制财务会计报表是总结企业经济活动，反映和评价财务状况和经营成果的一种专门的会计方法。

### (二)财务报表的内容

我国《企业财务报表条例》规定：企业的财务报表分为年度、半年度、季度和月度财务报表。月度、季度财务报表是指月度和季度终了提供的财务报表；半年度财务报表是指在每个会计年度的前6个月结束后对外提供的财务报表；年度财务报表是指在年度终了对外提供的财务报表。其中，将半年度、季度和月度财务报表统称为中期财务报表。

通常情况下，企业年度财务报表的会计期间是指公历每年的1月1日至12月31日；半年度财务报表的会计期间是指公历每年的1月1日至6月30日；或7月1日至12月31日；季度财务报表的会计期间是指公历每一季度；月度财务报表的会计期间是指公历每月1日至最后1日。

会计报表是财务报表的主干部分，它以企业的会计凭证、会计账簿和其他会计资料为依据，按照规定的格式、内容和填报要求定期编制并对外报送的，以货币作为计量单位，总括地反映企业的财务状况、经营成果和现金流量的书面报告文件。由于它一般是以表格的形式简明扼要地体现出来，因而称为会计报表，也称财务报表。

《企业会计准则第30号——财务报表列报》规定：财务报表至少应当包括资产负债表、利润表、现金流量表、所有者权益变动表（或股东权益变动表）和附注。《企业会计准则——基本准则》第四十四条规定：企业对外提供的财务报表的内容、会计报表种类和格式、会计报表附注的主要内容等，由会计准则规定；企业内部管理需要的会计报表由企业自行规定。

年度、半年度财务报表应包括两个方面：一是会计报表；二是会计报表附注。季度、月度财务报表通常仅指会计报表。

会计报表包括资产负债表、利润表、现金流量表、所有者权益变动表。小企业编制的会计报表可以不包括现金流量表。

会计报表附注是指对在会计报表中列示项目所作的进一步说明，以及对未能在这些报表中列示项目的说明等。

## 二、财务报表的作用

在市场经济条件下，由于现代企业制度的建立，企业所有权与经营权相分离，存在着企业"外部"和企业"内部"之间的委托经营与受托经营的关系，同时企业必须面向市场，进行筹资、投资和经营活动，客观上要求企业向投资人、债权人及其他各方面的信息使用者提供财务信息，以利于各方进行科学合理的决策。财务会计报表的作用主要表现在以下几方面：

**1. 帮助投资人和债权人进行合理决策，促进社会资源最佳配置**

在市场经济环境中，企业的资金主要来自于所有者的投资和债权人的贷款。投资人主要关心企业的经营成果和获利能力，需要了解投资的风险及其报酬的高低；债权人则要考虑企业的财务状况和偿债能力，关注贷款的安全性。投资者和债权人必须掌握这些信息，才能做出合理的投资决策和信贷决策，而这些信息来源于财务报表。财务会计报表反映各个企业的盈利水平及其获利能力，有助于投资人、贷款人及社会公众对不同企业的经营成果和财务实力进行比较和预测，确定投资或贷款的方向，促进资源的合理配置。

**2. 反映经营管理者的业绩，发掘提高经济效益的潜力**

财务会计报表所提供的信息，是企业内部经营管理人员和管理当局了解企业财务状况和经营成果的重要经济信息来源。通过阅读和分析财务报表，可使管理当局和经营管理人员从资产、负债、所有者权益、收入、费用和利润等各会计要素之间的复杂联系中,了解企业财务资源的分布状况、经营业绩以及现金流动情况,全面掌握企业的经济活动、财务收支和财务成果,科学地总结过去成功的经验,及时地发现存在的问题,制定改善经营管理的措施,预测未来的现金流动,进行有效的经营理财决策,进一步发掘提高经济效益的潜力。

**3. 有助于国家经济管理部门制定经济决策,为宏观经济调控提供基础资料**

财务会计报表可提供企业收益分配信息、企业资源流向的趋势信息以及企业的获利能力信息等。财税部门运用这些信息,完成国民收入再分配过程;经济管理部门将财务报表作为重要的基础资料和参考依据,据以制定税收政策、信贷政策等经济政策,进行宏观的经济调控,确保市场经济的健康、有效运行。

### 三、财务报表的种类

为了便于编制和运用会计报表,有必要对会计报表进行适当的分类,以了解其不同的功能。会计报表的分类一般有以下几种:

#### (一)按会计报表反映的经济内容划分

(1)反映财务状况的会计报表。反映财务状况的会计报表,是指反映资产、负债、所有者权益等情况的会计报表,主要有资产负债表及其附表。

(2)反映经营成果的会计报表。反映经营成果的会计报表,是指反映收入、费用、利润等情况的会计报表,主要有利润表及其附表。

(3)反映现金流量的会计报表。主要有现金流量表。

#### (二)按会计报表的编制时间划分

(1)月度报表。是反映企业一个月的财务状况和经营成果,在月末编制的会计报表。我国现行会计报表中,资产负债表、利润表、应交增值税明细表都属于月度报表。

(2)季度报表。是反映企业一个季度的财务状况和经营成果,在季末编制的会计报表,如主要产品单位成本表。

(3)半年报表。是指在每半年末编制的会计报表,如资产负债表。

(4)年度报表。是指在年末编制的会计报表,我国现行会计报表中,所有会计报表均需要年报。

#### (三)按会计报表编制的单位划分

(1)单位会计报表。是指独立核算的基层单位编制的,用于反映会计主体财务状况和经营成果的会计报表。

(2)汇总会计报表。是指由上级主管部门根据所属基层单位的会计报表连同本单位的会计报表汇总编制的综合性会计报表。

#### (四)按反映的资金运动状态划分

(1)静态会计报表。是指反映企业资金运动处于某一相对静止状态时的会计报表,一般情况下,反映企业特定日期财务状况情况的报表为静态会计报表,如资产负债表等。

(2)动态会计报表。是反映企业资金处于运动状态时的会计报表,一般情况下,反映企业一定时期经营状况和现金流动情况的报表为动态会计报表，如利润表、现金流量表等。

### （五）按会计报表报送对象划分

（1）对外会计报表。是指企业定期向外部利害关系人提供的会计报表。它通常有统一的格式和规定的指标体系，如资产负债表、利润表、现金流量表等。

（2）对内会计报表。是指企业为了满足内部经营管理需要编制的不对外公布的会计报表。其格式和指标体系由企业自行确定，如各种费用表、主要商品单位成本表等。

> 【想一想】
> 在日常财务活动中企业需要提交哪些财务报表？

### 四、财务报表的编制要求

财务报表的主要作用就是向财务报表使用者提供真实、公允的信息，用于落实和考核企业管理者经济责任的履行情况，并有助于包括所有者在内的财务报表使用者的经济决策。

我国《企业财务报表条例》规定：企业不得编制和对外提供虚假的或隐瞒重要事实的财务报表；企业负责人对本企业财务报表的真实性、完整性负责。

财务报表应当根据登记完整、核对无误的账簿记录和其他资料编制，做到数字真实、内容完整、计算准确、编报及时。

#### 1. 数字真实

在国家宏观经济管理、投资者决策和企业内部管理等经济管理活动中，只有真实的财务报表信息，才能满足需要，所以，真实性是对会计核算工作和会计信息的基本质量要求。在会计核算过程中，应当对实际发生的经济业务，按取得的真实合法的凭证，审核无误后，认真登记入账，进行成本计算，通过财产清查，做到账实相符、账证相符、账账相符，然后编制财务报表。这就要求企业按期结账，不得为赶制财务报表而提前结账；要以审核无误的账簿记录为依据，不得以估计数或预计数代替实际数，更不允许弄虚作假伪造数据。财务报表所列数字应该是有客观根据的，没有任何偏见，不受任何外界影响。

#### 2. 内容完整

由于会计信息使用者对财务报表信息的需要是多方面的，财务报表只有提供内容完整的会计信息资料，全面反映企业生产经营状况，才能满足不同使用者的不同需求。所以，编制财务报表时，应按统一规定的种类、格式、内容进行，对不同的会计期间应当编报的各种会计报表，必须编报齐全，不得漏报；应当填报的指标和项目，无论是表内数据，还是补充资料，必须全部汇总，不得少列漏列，更不能任意取舍。应当汇总编制所属各单位的会计报表，必须全部汇总，不得漏编漏报。另外，有些事项在会计报表中难以表达的，应通过文字、附表等方式加以说明，以免报表使用者误解。

#### 3. 计算准确

财务报表以账簿记录为依据，但并不是账簿数据资料简单的相加汇总，财务报表应根据有关资料进行正确分析、编制，要求会计人员必须细心，避免出现计算错误。编制财务报表后，应对账表数据进行复核，不同会计报表相关指标的数据应当衔接，保证主表之间、主表与附表之间的有关数字彼此相符。

### 4. 前后一致

列报一致性要求财务报表中的列报和分类应在各期间之间保持一致。除非准则要求改变，或主体的经营性质发生重大变化，改变后的列报能够提供更可靠的、且对财务报告使用者更相关的信息，同时不损害可比信息。这样便于对比、分析和利用会计信息，如有变动，应在报告中说明。

### 5. 编报及时

财务报表必须按规定的期限和程序，及时编制并及时报送，目的是便于报表使用者及时了解企业的财务状况和经营成果，便于上级主管部门及时进行汇总。否则，如果经济环境发生变化，时过境迁，这些信息也就失去了应有的价值，无助于经济决策。所以，企业的经济核算应当及时进行，及时编报财务报表，不得提前或延后。

### 6. 手续完备

对外财务报表应依次编订页码、加具封面、装订成册、盖上单位公章；企业行政领导人员、总会计师、会计机构负责人和会计主管人员要签字；需要注册会计师行使监督验证职能的会计报表，还要有注册会计师签章。

## 五、财务报表编制前的准备工作

为保证财务报表的质量，要做好编制财务报表的准备工作。

### 1. 全面财产清查

企业在编制年度财务报表前，应当按照下列规定，全面清查资产、核实债务。

（1）结算款项（即债权债务），包括应收款项、应付款项、应交税费等是否存在，与债务、债权单位的相应债务、债权金额是否一致。

（2）原材料、在产品、自制半成品、库存商品等各项存货的实存数量与账面数量是否一致，是否有报废损失和积压物资等。

（3）各项投资是否存在，投资收益是否按照国家统一的会计制度规定进行确认和计量。

（4）房屋建筑物、机器设备、运输工具等各项固定资产的实存数量与账面数量是否一致。

（5）在建工程的实际发生额与账面记录是否一致。

（6）需要清查、核实的其他内容。

### 2. 检查会计事项的处理结果

企业在编制财务报表前，除应当全面清查资产、核实债务外，还应当完成下列工作：

（1）核对各会计账簿记录与会计凭证的内容、金额等是否一致，记账方向是否相符。

（2）依照规定的结账日进行结账，结出有关会计账簿的余额和发生额，并核对各会计账簿之间的余额。

（3）检查相关的会计核算是否按照国家统一的会计制度的规定进行。（是否符合规定）

（4）对于国家统一的会计制度没有规定统一核算方法的交易、事项，检查其是否按照会计核算的一般原则进行确认和计量以及相关账务处理是否合理。

（5）检查是否存在因会计差错、会计政策变更等原因需要调整前期或者本期相关项目。

# 任务二　认识资产负债表

## 一、资产负债表的概念与作用

资产负债表是反映企业在某一特定日期财务状况的报表。它是全面反映企业的资金运动在相对静止状态下的资产、负债、所有者权益情况的报表，因而是静态报表、时点报表。作为财务报表体系中的主要报表之一，资产负债表的主要作用体现在以下方面：

（1）有助于了解企业所掌握的经济资源及其分布情况。会计信息使用者可据此了解企业的经营规模，分析企业的资产结构合理性，判断企业整体的经济实力。

（2）有助于分析、评价企业的偿债能力。在资产负债表中，资产项目通常按其流动性强弱排列，这种排列方式有助于会计信息使用者评估不同资产的变现能力，预测未来现金流入流出规模，通过资产项目与负债项目的对比，评价企业的短期偿债能力和长期偿债能力。

（3）有助于评价、预测企业的经营业绩。企业的经营业绩主要表现为企业的获利能力。会计信息使用者可据以考核企业管理人员是否有效地利用了现有的经济资源，资产是否实现了保值增值，从而客观地分析与评价企业管理人员的业绩，预测企业未来的发展趋势。

## 二、资产负债表的内容和结构

### （一）资产负债表的内容

资产负债表是根据会计恒等式"资产＝负债＋所有者权益"设计而成的，它主要反映以下三方面的内容：

M8-2 认识资产负债表

（1）在某一特定日期企业所拥有的经济资源，即某一特定日期企业所拥有或控制的各项资产的余额，包括流动资产、固定资产、长期股权投资、无形资产、其他资产等。

（2）在某一特定日期企业所承担的债务，包括各项流动负债和长期负债。

（3）在某一特定日期企业投资者拥有的净资产，包括投资者投入的资本、资本公积、盈余公积和未分配利润。

### （二）资产负债表的结构

资产负债表的结构有账户式与报告式两种。

**1. 账户式**

账户式资产负债表是指将"资产＝负债＋所有者权益"这一平衡等式展开，按照 T 型账户的形式设计，把报表分为左右两方，资产项目在左方，负债和所有者权益项目在右方，左右双方的合计金额应该相等。其格式如表 8-1 所示。

账户式资产负债表的最大优点是资产和权益之间的恒等关系一目了然，但要编制比较资产负债表，尤其是做旁注时，不太方便。按照我国会计制度规定，企业填报的资产负债表采用这一格式。

表 8-1　资产负债表（账户式）

| 资产 | 金额 | 负债及所有者权益 | 金额 |
|---|---|---|---|
| 流动资产<br>流动资产合计<br>长期股权投资<br>固定资产<br>无形资产<br>其他资产<br>非流动资产合计 | | 流动负债<br>长期负债<br>负债合计<br>实收资本<br>资本公积<br>盈余公积<br>未分配利润<br>所有者权益合计 | |
| 资产合计 | | 负债及所有者权益合计 | |

## 2. 报告式

报告式资产负债表是将资产负债表的项目自上而下排列，按照"资产 = 负债 + 所有者权益"这一平衡等式，首先列示资产项目，其次列示负债项目，最后列示所有者权益项目。其格式如表 8-2 所示。

表 8-2　资产负债表（报告式）

| 资产 | |
|---|---|
| 流动资产 | ×××× |
| 长期股权投资 | ×××× |
| 固定资产 | ×××× |
| 无形资产 | ×××× |
| 其他资产 | ×××× |
| 　　资产合计 | ×××× |
| 负债 | |
| 流动负债 | ×××× |
| 长期负债 | ×××× |
| 　　负债合计 | ×××× |
| 所有者权益 | |
| 实收资本 | ×××× |
| 资本公积 | ×××× |
| 盈余公积 | ×××× |
| 未分配利润 | ×××× |
| 　　所有者权益合计 | ×××× |

报告式资产负债表的优点是有利于编制比较资产负债表，有较多空间进行旁注。其缺点是资产与负债和所有者权益之间的恒等关系不如账户式资产负债表一目了然。故我国会计实务中一般采用账户式结构，通常包括表头、表身和表尾。

表头主要包括资产负债表的名称、编制单位、编制日期和金额单位；表身包括各项资产、负债和所有者权益各项目的年初余额和期末余额，是资产负债表的主要部分；表尾主要包括补充资料等。

无论采用哪种格式，资产都要按流动性大小排序，即流动性强、变现容易的资产项目排在前面，流动性差、不易变现的资产项目排在后面，具体分为流动资产、非流动资产两大类。负债也要按流动性排序，即要求还款时间短的项目排在前面，要求还款时间长的项目排在后面，具体分为流动负债、非流动负债两大类；所有者权益则按实收资本、资本公积、盈余公积、未分配利润等项目列示。资产负债表的基本格式如表8-3所示。

表8-3 资产负债表

会企01表

编制单位：　　　　　　　　　　　　　　　年　月　日　　　　　　　　　　　单位：元

| 资产 | 年初数 | 期末数 | 负债及所有者权益 | 年初数 | 期末数 |
|---|---|---|---|---|---|
| 流动资产： | | | 流动负债： | | |
| 　货币资金 | | | 　短期借款 | | |
| 　以公允价值计量且变动计入当期损益的金融资产 | | | 　以公允价值计量且变动计入当期损益的金融负债 | | |
| 　衍生金融资产 | | | 　衍生金融负债 | | |
| 　应收票据 | | | 　应付票据 | | |
| 　应收账款 | | | 　应付账款 | | |
| 　预付账款 | | | 　预收账款 | | |
| 　应收利息 | | | 　应付职工薪酬 | | |
| 　应收股利 | | | 　应交税费 | | |
| 　其他应收款 | | | 　应付利息 | | |
| 　存货 | | | 　应付股利 | | |
| 　持有待售资产 | | | 　其他应付款 | | |
| 　一年内到期的非流动资产 | | | 　持有待售负债 | | |
| 　其他流动资产 | | | 　一年内到期的非流动负债 | | |
| 　流动资产合计 | | | 　其他流动负债 | | |
| 非流动资产： | | | 　流动负债合计 | | |
| 　可供出售金融资产 | | | 非流动负债： | | |
| 　持有至到期投资 | | | 　长期借款 | | |
| 　长期应收款 | | | 　应付债券 | | |
| 　长期股权投资 | | | 　　其中：优先股 | | |
| 　投资性房地产 | | | 　　　　　永续费 | | |
| 　固定资产 | | | 　长期应付款 | | |
| 　在建工程 | | | 　专项应付款 | | |
| 　工程物资 | | | 　预计负债 | | |
| 　固定资产清理 | | | 　递延收益 | | |
| 　生物性生物资产 | | | 　递延所得税负债 | | |
| 　油气资产 | | | 　其他非流动负债 | | |
| 　开发支出 | | | 　非流动负债合计 | | |
| 　无形资产 | | | 负债合计 | | |
| 　商誉 | | | 所有者权益： | | |
| 　长期待摊费用 | | | 　实收资本（或股本） | | |
| 　递延所得税资产 | | | 　其他权益工具 | | |
| 　其他非流动资产 | | | 　　其中：优先股 | | |
| 　非流动资产合计 | | | 　　　　　永续费 | | |
| | | | 　资本公积 | | |
| | | | 　减：库存股 | | |
| | | | 　其他综合收益 | | |
| | | | 　盈余公积 | | |
| | | | 　未分配利润 | | |
| | | | 　所有者权益合计 | | |
| 资产总计 | | | 负债及所有者权益总计 | | |

## 任务三 资产负债表的编制方法

### 一、资产负债表中的"年初数"和"期末数"

资产负债表是一张静态报表,它反映的是某一时点企业的财务状况,因此在时间上必须填写某一具体的日期。另外,我国《企业财务会计报告条例》规定:年度、半年度会计报表至少应当反映两个年度或者相关两个期间的比较数据。也就是说,企业需要提供比较资产负债表,所以,资产负债表各项目需要分为"年初数"和"期末数"两栏分别填列。

M8-3 资产负债表的编制

表中"年初数"栏内各项目数字,应根据上年年末资产负债表"期末数"栏内所列数字填列。如果本年度资产负债表规定的各个项目的名称和内容同上年不一致,应对上年年末资产负债表各项目的名称和数字按照本年度的规定进行调整,按调整后的数字填入本表"年初数"栏内。

"期末数"是指某一会计期末的数字,即月末、季末、半年末或年末的数字。资产负债表各项目"期末数"栏内的数字,可以通过以下几种方式取得:

(1) 根据有关总账期末余额直接填列。如"应收票据""短期借款""实收资本"等项目。

(2) 根据有关总账期末余额计算填列。如"货币资金"项目,要根据"库存现金""银行存款""其他货币资金"账户的期末余额的合计数填列。

(3) 根据有关明细账的期末余额计算填列。如"应付账款"项目,需要根据"应付账款""预付账款"账户所属相关明细账的期末贷方余额计算填列。

(4) 根据总账和有关明细账户余额分析计算填列。如"长期借款"项目,需要根据"长期借款"总账期末余额,扣除"长期借款"总账所属明细账中反映的,将于 1 年内到期的长期借款部分,分析计算填列。

(5) 根据有关账户余额减去其备抵账户余额后的净额填列。如"长期股权投资"项目是用"长期股权投资"账户的期末余额,减去"长期股权投资减值准备"账户余额后的金额填列。

### 二、资产负债表中主要项目的具体填列方法

(1) "货币资金"项目。它反映企业库存现金、银行存款、外埠存款、银行汇票存款、银行本票存款、信用证保证金存款等的合计数。本项目应根据"库存现金"、"银行存款"、"其他货币资金"账户的期末余额合计填列。

(2) "交易性金融资产"项目。它反映企业购入的各种能随时变现的,并准备随时变现的股票、债券和基金投资。本项目应根据"交易性金融资产"账户的期末余额填列。

(3) "应收票据"项目。它反映企业收到的未到期也未向银行贴现的应收票据,包括商业承兑汇票和银行承兑汇票。本项目应根据"应收票据"账户的期末余额填列。已向银行贴现和已背书转让的应收票据不包括在本项目内。

(4) "应收股利"项目。它反映企业因股权投资而应收取的现金股利,企业应收其他单位的利润,也包括在本项目内。本项目应根据"应收股利"账户的期末余额填列。

(5) "应收利息"项目。他反映企业因债权投资而应收取的利息。本项目应根据"应收

利息"账户的期末余额填列。

（6）"应收账款"项目。它反映企业因销售商品和提供劳务等而向购买单位收取的各种款项，减去已计提的坏账准备后的净额。本项目应根据"应收账款"账户所属各明细科目的期末借方余额合计，减去"坏账准备"账户中有关应收账款计提的坏账准备期末余额后的金额填列。如果"应收账款"账户所属明细账期末有贷方余额，应在本表"预收账款"项目内填列。

（7）"其他应收款"项目。它反映企业对其他单位和个人的应收和暂付的款项，减去已计提的坏账准备后的净额。本项目应根据"其他应收款"账户的期末余额，减去"坏账准备"账户中有关其他应收款计提的坏账准备期末余额后的金额填列。

（8）"预付账款"项目。它反映企业预付给供货单位的款项。本项目应根据"预付账款"账户所属各明细账的期末借方余额合计填列。如果"预付账款"账户所属各明细账的期末有贷方余额的，应在本表"应付账款"项目内填列；如果"应付账款"账户所属明细账有借方余额的，也应包括在本项目内。

（9）"存货"项目。它反映企业期末库存、在途和加工中的各项存货的价值，包括各种材料、商品、在产品、半成品、包装物、低值易耗品等。本项目应根据"材料采购"（或"在途物资"）"原材料""库存商品""周转材料""发出商品""委托加工物资""生产成本"等账户的期末余额合计，减去"存货跌价准备"账户期末余额后的金额填列。如果存货实行计划成本核算的，还应按加上或减去存货成本差异后的金额填列。

（10）"持有待售资产"项目。反映资产负债表日划分为持有待售类别的非流动资产及持有待售类别的处置组中的流动资产和非流动资产的期末账面价值。该项目应根据该科目的期末余额，减去"持有待售资产减值准备"科目的期末余额后的金额填列。

（11）"其他流动资产"项目。它反映企业除以上流动资产项目以外的其他流动资产。本项目应根据有关账户的期末余额填列。比如，"待摊费用"账户的期末借方余额应列入本项目内。如果其他流动资产价值较大的，应在会计报表附注中披露其内容和金额。

（12）"长期股权投资"项目。它反映企业不准备在1年内（含1年）变现的各种股权性质的投资的可收回金额。本项目应根据"长期股权投资"账户的期末余额，减去"长期股权投资减值准备"账户余额后的金额填列。

（13）"固定资产"项目。它反映企业的各种固定资产的净值。融资租入的固定资产，其原价及已提折旧也包括在内。融资租入固定资产原价应在会计报表附注中另行反映。本项目应根据"固定资产"账户余额减去"累计折旧"账户和"固定资产减值准备"账户余额后的金额填列。

（14）"在建工程"项目。它反映企业期末各项未完工程的实际支出，包括交付安装的设备价值、未完建筑安装工程已经耗用的材料、职工薪酬和费用支出、预付出包工程的价款、已经建筑安装完毕但尚未交付使用的工程等的可收回金额。本项目应根据"在建工程"账户的期末余额，减去"在建工程减值准备"账户期末余额后的金额填列。

（15）"固定资产清理"项目。它反映企业因出售、毁损、报废等原因转入清理但尚未清理完毕的固定资产的账面价值，以及固定资产清理过程中所发生的清理费用和变价收入等各项金额的差额。本项目应根据"固定资产清理"账户的期末借方余额填列；如果"固定资产清理"账户期末为贷方余额，则以"－"号填列。

（16）"无形资产"项目。它反映企业各项无形资产的期末可收回金额。本项目应根据

"无形资产"账户的期末余额，减去"无形资产减值准备"账户期末余额后的金额填列。

（17）"研发支出"项目。它反映企业自行研究开发无形资产在期末尚未完成开发阶段的无形资产的价值。本项目应根据"研发支出"账户的期末余额填列。

（18）"长期待摊费用"项目。它反映企业尚未摊销的摊销期限在1年以上（不含1年）的各种费用，如租入固定资产改良支出、大修理支出以及摊销期限在1年以上（不含1年）的其他待摊费用。长期待摊费用中在1年内（含1年）摊销的部分，应在本表"其他流动资产"项目填列。本项目应根据"长期待摊费用"账户的期末余额减去1年内（含1年）摊销的数额后的金额填列。

（19）"其他非流动资产"项目。它反映企业除以上资产以外的其他长期资产。本项目应根据有关账户的期末余额填列。如果其他长期资产价值较大的，应在会计报表附注中披露其内容和金额。

（20）"短期借款"项目。它反映企业借入尚未归还的1年期以下（含1年）的借款。本项目应根据"短期借款"账户的期末余额填列。

（21）"应付票据"项目。它反映企业为了抵付货款等而开出、承兑的尚未到期付款的应付票据，包括商业承兑汇票和银行承兑汇票。本项目应根据"应付票据"账户的期末余额填列。

（22）"应付账款"项目。它反映企业购买原材料、商品和接受劳务供应等而应付给供应单位的款项。本项目应根据"应付账款"账户所属各明细账的期末贷方余额合计填列；如果"应付账款"账户所属各明细账期末有借方余额，应在本表"预付账款"项目内填列。

（23）"预收账款"项目。它反映企业预收购买单位的账款。本项目应根据"预收账款"账户所属各明细账的期末贷方余额合计填列。如果"预收账款"账户所属有关明细账期末有借方余额的，应在本表"应收账款"项目内填列；如果"应收账款"账户所属明细账有贷方余额的，也应包括在本项目内。

（24）"应付职工薪酬"项目。它反映企业应付未付的职工薪酬。应付职工薪酬包括应付职工的工资、奖金、津贴和补贴、职工福利费和医疗保险费、养老保险费等各种保险费以及住房公积金等。本项目应根据"应付职工薪酬"账户期末贷方余额填列。如果"应付职工薪酬"账户期末有借方余额，则以"−"填列。

（25）"应付股利"项目。它反映企业尚未支付的现金股利。本项目应根据"应付股利"账户的期末余额填列。

（26）"应交税费"项目。它反映企业期末未交、多交或未抵扣的各种税金和其他费用。本项目应根据"应交税费"账户期末贷方余额填列。如果"应交税费"账户期末为借方余额，则以"−"填列。

（27）"其他应付款"项目。它反映企业所有应付和暂收其他单位和个人的款项。本项目应根据"其他应付款"账户的期末余额填列。

（28）"持有待售负债"项目。它反映与资产负债表日处置组中划分为持有待售类别的资产直接相关的负债的期末账面价值。该项目应根据"持有待售负债"科目的期末余额填列。

（29）"其他流动负债"项目。它反映企业除以上流动负债以外的其他流动负债。本项目应根据有关账户的期末余额填列。比如，"预提费用"账户的期末贷方余额应列入本项目内。如果其他流动负债价值较大的，应在会计报表附注中披露其内容和金额。

（30）"长期借款"项目。它反映企业借入尚未归还的1年以上（不含1年）的借款本息。本项目应根据"长期借款"账户的期末余额填列。

(31)"应付债券"项目。它反映企业发行的尚未偿还的各种长期债券的本息。本项目应根据"应付债券"账户的期末余额填列。

(32)"预计负债"项目。它反映企业预计负债的期末余额。本项目应根据"预计负债"账户的期末余额填列。

(33)"其他长期负债"项目。它反映企业除以上长期负债项目以外的其他长期负债。本项目应根据有关账户的期末余额填列。如果其他长期负债价值较大的,应在会计报表附注中披露其内容和金额。

上述长期负债各项目中将于1年内(含1年)到期的长期负债,应在"1年内到期的长期负债"项目中单独反映。上述长期负债各项目均应根据有关科目期末余额减去将于1年内(含1年)到期的长期负债后的金额填列。

(34)"实收资本"项目。它反映企业各投资者实际投入的资本(或股本)总额。本项目应根据"实收资本(或股本)"账户的期末余额填列。

(35)"资本公积"项目。它反映企业资本公积的期末余额。本项目应根据"资本公积"账户的期末余额填列。

(46)"盈余公积"项目。它反映企业盈余公积的期末余额。本项目应根据"盈余公积"账户的期末余额填列。

(37)"未分配利润"项目。它反映企业尚未分配的利润。本项目应根据"本年利润"账户和"利润分配"账户的余额计算填列。未弥补的亏损,在本项目内以"-"号填列。

### 三、资产负债表的编制举例

下面是荣华公司2019年1月1日的资产负债表年初数,如表8-4所示。

表8-4 资产负债表

编制单位:荣华公司　　　　　　　　　　　2019年1月1日　　　　　　　　　　　单位:元

| 资产项目 | 期初数 | 期末数 | 负债及所有者权益项目 | 期初数 | 期末数 |
|---|---|---|---|---|---|
| 流动资产: | | | 流动负债: | | |
| 货币资金 | 1 459 416 | | 短期借款 | 700 000 | |
| 以公允价值计量且其变动计入当期损益的金融资产 | 130 000 | | 以公允价值计量且其变动计入当期损益的金融负债 | | |
| 衍生金融资产 | | | 衍生金融负债 | | |
| 应收票据 | 400 000 | | 应付票据 | 200 000 | |
| 应收账款 | 872 075 | | 应付账款 | 865 800 | |
| 预付款项 | | | 预收账款 | 520 035 | |
| 应收利息 | 2 400 | | 应付职工薪酬 | 136 920 | |
| 应收股利 | | | 应交税费 | 290 965 | |
| 其他应收款 | 433 200 | | 应付利息 | | |
| 存货 | 2 214 050 | | 应付股利 | 254 645 | |
| 持有待售资产 | | | 其他应付款 | 190 800 | |
| 一年内到期的非流动资产 | | | 持有待售负债 | | |

续表

| 资产项目 | 期初数 | 期末数 | 负债及所有者权益项目 | 期初数 | 期末数 |
|---|---|---|---|---|---|
| 其他流动资产 | 49 000 | | 一年内到期的非流动负债 | | |
| 流动资产合计 | 5 560 141 | | 其他流动负债 | 85 000 | |
| 非流动资产: | | | 流动负债合计 | 3 244 165 | |
| 可供出售金融资产 | | | 非流动负债: | | |
| 持有至到期投资 | 200 000 | | 长期借款 | 320 000 | |
| 长期应收款 | | | 应付债券 | | |
| 长期股权投资 | 500 000 | | 其中:优先股 | | |
| 投资性房地产 | | | 永续费 | | |
| 固定资产 | 1 058 300 | | 长期应付款 | 480 000 | |
| 在建工程 | 2 486 420 | | 专项应付款 | | |
| 工程物资 | | | 预计负债 | | |
| 固定资产清理 | | | 递延收益 | | |
| 生产性生物资产 | | | 递延所得税负债 | | |
| 油气资产 | | | 其他非流动负债 | | |
| 无形资产 | 200 000 | | 非流动负债合计 | 800 000 | |
| 开发支出 | | | 负债合计 | 4 044 165 | |
| 商誉 | | | 所有者权益 | | |
| 长期待摊费用 | | | 实收资本 | 5 249 000 | |
| 递延所得税资产 | | | 其他权益工具 | | |
| 其他非流动资产 | | | 其中:优先股 | | |
| | | | 永续费 | | |
| | | | 资本公积 | 250 000 | |
| | | | 减:库存股 | | |
| | | | 其他综合收益 | | |
| | | | 盈余公积 | 281 696 | |
| | | | 未分配利润 | 180 000 | |
| | | | 所有者权益合计 | 5 960 696 | |
| 资产合计 | 10 004 861 | | 负债及所有者权益合计 | 10 004 861 | |

2019年12月31日荣华公司12月总账发生额及余额试算平衡表如表8-5所示。

表8-5 2019年12月发生额及余额试算平衡表

| 会计科目 | 期初余额 | | 本期发生额 | | 期末余额 | |
|---|---|---|---|---|---|---|
| | 借方 | 贷方 | 借方 | 贷方 | 借方 | 贷方 |
| 库存现金 | 4 000 | | 47 100 | 50 600 | 500 | |
| 银行存款 | 5 000 000 | | 2 745 100 | 880 366 | 6 864 734 | |
| 应收票据 | 101 000 | | 42 120 | 70 000 | 73 120 | |
| | | | | | 1 000 | |

续表

| 会计科目 | 期初余额 | | 本期发生额 | | 期末余额 | |
|---|---|---|---|---|---|---|
| | 借方 | 贷方 | 借方 | 贷方 | 借方 | 贷方 |
| 应收账款 | 20 000 | | 18 050 | | 38 050 | |
| 预付款项 | | | 50 000 | 23 400 | 26 600 | |
| 其他应收款 | | | 1 000 | 1 000 | | |
| 材料采购 | | | 175 600 | 102 000 | 73 600 | |
| 原材料 | 25 100 | | 102 000 | 74 050 | 53 050 | |
| 库存商品 | 65 300 | | 125 000 | 35 000 | 155 300 | |
| 待摊费用 | 500 | | | 400 | 100 | |
| 固定资产 | 1 000 000 | | 1 370 000 | | 2 370 000 | |
| 累计折旧 | | 30 000 | | 11 200 | | 41 200 |
| 无形资产 | 200 000 | | 300 000 | | 500 000 | |
| 短期借款 | | 60 000 | 40 000 | 100 000 | | 120 000 |
| 应付账款 | | 56 800 | 46 800 | 70 200 | | 80 200 |
| 应付票据 | | | | 85 500 | | 85 500 |
| 应付利息 | | 1 000 | | | | 1 000 |
| 应交税费 | | 30 000 | 45 166 | 39 586 | | 24 420 |
| 应付职工薪酬 | | 3 000 | 48 150 | 53 580 | | 8 430 |
| 预收账款 | | | 30 000 | 30 000 | | |
| 应付利润 | | 190 000 | 180 000 | 24 000 | | 34 000 |
| 预提费用 | | 100 | 800 | 2 300 | | 1 600 |
| 长期借款 | | 100 000 | 95 200 | 800 000 | | 804 800 |
| 实收资本 | | 5 900 000 | | 3 000 000 | | 8 900 000 |
| 盈余公积 | | 25 000 | | 3 290 | | 28 290 |
| 本年利润 | | 200 000 | 83 096 | 116 000 | | 232 904 |
| 利润分配 | 180 000 | | 27 290 | | 207 290 | |
| 生产成本 | | | 125 000 | 125 000 | | |
| 制造费用 | | | 20 800 | 20 800 | | |
| 主营业务收入 | | | 106 000 | 106 000 | | |
| 主营业务成本 | | | 35 000 | 35 000 | | |
| 税金及附加 | | | 5 300 | 5 300 | | |
| 销售费用 | | | 7 480 | 7 480 | | |
| 管理费用 | | | 16 450 | 16 450 | | |
| 财务费用 | | | 600 | 600 | | |
| 营业外收入 | | | 10 000 | 10 000 | | |
| 营业外支出 | | | 2 000 | 2 000 | | |
| 所得税费用 | | | 16 266 | 16 266 | | |
| 合计 | 6 595 900 | 6 596 900 | 5 917 368 | 5 917 368 | 10 362 344 | 10 362 344 |

荣华公司 2019 年 12 月 31 日资产负债表如表 8-6 所示。

表 8-6　资产负债表

编制单位：荣华公司　　　　　　　　　　2019 年 12 月 31 日　　　　　　　　　　单位：元

| 资产项目 | 期初数 | 期末数 | 负债及所有者权益项目 | 期初数 | 期末数 |
|---|---|---|---|---|---|
| 流动资产： | | | 流动负债： | | |
| 货币资金 | 1 459 416 | 6 865 234 | 短期借款 | 700 000 | 120 000 |
| 以公允价值计量且变动计入当期损益的金融资产 | 130 000 | | 以公允价值计量且变动计入当期损益的金融负债 | | |
| 衍生金融资产 | | | 衍生金融负债 | | |
| 应收票据 | 400 000 | 73 120 | 应付票据 | 200 000 | 85 500 |
| 应收账款 | 872 075 | 38 050 | 应付账款 | 865 800 | 80 200 |
| 预付款项 | | 26 600 | 预收账款 | 520 035 | |
| 应收利息 | 2 400 | | 应付职工薪酬 | 136 920 | 8 430 |
| 应收股利 | | | 应交税费 | 290 965 | 24 420 |
| 其他应收款 | 433 200 | | 应付利息 | | 1 000 |
| 存货 | 2 214 050 | 281 950 | 应付股利 | 254 645 | 34 000 |
| 持有待售资产 | | | 其他应付款 | 190 800 | |
| 一年内到期的非流动资产 | | | 持有待售负债 | | |
| 其他流动资产 | 49 000 | 100 | 一年内到期的非流动负债 | | |
| 流动资产合计 | 5 560 141 | 7 285 054 | 其他流动负债 | 85 000 | 1 600 |
| 非流动资产： | | | 流动负债合计 | 3 244 165 | 355 150 |
| 可供出售金融资产 | | | 非流动负债： | | |
| 持有至到期投资 | 200 000 | | 长期借款 | 320 000 | 804 800 |
| 长期应收款 | | | 应付债券 | | |
| 长期股权投资 | 500 000 | | 其中：优先股 | | |
| 投资性房地产 | | | 永续费 | | |
| 固定资产 | 1 058 300 | 2 328 800 | 长期应付款 | 480 000 | |
| 在建工程 | 2 486 420 | | 专项应付款 | | |
| 工程物资 | | | 预计负债 | | |
| 固定资产清理 | | | 递延收益 | | |
| 生产性生物资产 | | | 递延所得税负债 | | |
| 油气资产 | | | 其他非流动负债 | | |
| 无形资产 | 200 000 | 500 000 | 非流动负债合计 | 800 000 | 804 800 |
| 开发支出 | | | 负债合计 | 4 044 165 | 1 159 950 |
| 商誉 | | | 所有者权益： | | |
| 长期待摊费用 | | | 实收资本 | 5 249 000 | 8 900 000 |
| 递延所得税资产 | | | 其他权益工具 | | |
| 其他非流动资产 | | | 其中：优先股 | | |
| 非流动资产合计 | | | 永续费 | | |

续表

| 资产项目 | 期初数 | 期末数 | 负债及所有者权益项目 | 期初数 | 期末数 |
|---|---|---|---|---|---|
| | | | 资本公积 | 250 000 | |
| | | | 减：库存股 | | |
| | | | 其他综合收益 | | |
| | | | 盈余公积 | 281 696 | 28 290 |
| | | | 未分配利润 | 180 000 | 25 614 |
| | | | 所有者权益合计 | 5 960 696 | 8 953 904 |
| 资产合计 | 10 004 861 | 10 113 854 | 负债及所有者权益合计 | 10 004 861 | 10 113 854 |

# 任务四　认识利润表

## 一、利润表的概念与作用

利润表是反映企业一定会计期间经营成果的财务报表。利润表把一定时期的营业收入与同一会计期间相关的营业费用进行配比，以计算出企业一定时期的净利润（或净亏损）。由于利润是企业生产经营活动最终成果的体现，是一项考核企业经济效益的综合指标，因此，利润表是财务报表中的主要报表，应当按月编报。利润表是反映企业一定时期利润的形成或亏损发生过程的动态报表，利润表的结构和内容与企业利润构成的因素直接相关。

由于利润表能全面反映企业在一定会计期间内收入与费用的形成情况，因此，利润表所提供的会计信息对有关方面有着重要的作用。

**1. 是考核和评价企业经营管理人员经营业绩和经营管理水平的一个重要依据**

利润表中反映的利润数额是企业在生产经营过程中各项投入和产出进行对比的结果，是企业在生产、经营、理财和投资等各项活动中管理效率和效益的综合体现。通过对利润表中各项构成因素的比较分析，可以考核企业经营目标完成情况，总结成绩，发现问题，促使经营管理人员找出差距，明确重点，不断提高经营管理水平。

**2. 是企业投资者、债权人进行相关经济决策的主要依据**

通过利润表提供的反映企业经营成果的数据，并对不同时期利润表数据的比较，可以分析企业的获利能力和偿债能力，预测未来收益，便于投资者、债权人进行投资决策和信贷决策。

**3. 是对经营成果进行分配的重要依据**

由于利润表能综合反映企业的经营成果，而与企业相关者的利益，如国家的所得税税收收入、股东的股利收入、职工的福利待遇、管理人员的奖金等，都直接受利润表数据的影响，因此，利润表反映的利润，是进行经营成果分配的重要依据。

## 二、利润表的内容与结构

### （一）利润表的内容

利润表是根据会计恒等式"收入－费用＝利润"设计而成的。一般情况下，利润表主要反映以下几方面的内容：

M8-4 认识利润表

（1）营业收入。以主营业务收入为基础，加上其他业务活动实现的收入，反映企业一定时期内经营活动的成绩。

（2）营业利润。以实现的收入、投资收益减去营业成本、税金和期间费用，反映企业一定时期内经营活动的结果。

（3）利润（或亏损）总额。以营业利润为基础，加上营业外收入、减去营业外支出等项目后得出，反映企业一定时期内全部经济活动的最终结果。

（4）净利润。以利润总额减去所得税费用，反映企业实际拥有、可供企业自行支配的权益。

### （二）利润表的结构

利润表一般有表首、正表两部分。其中，表首概括地说明报表名称、编制单位、编制日期、报表编号、货币名称、计量单位等；正表反映形成经营成果的各个项目和计算过程。

利润表正表的格式一般有两种，即单步式利润表和多步式利润表。

单步式利润表是将当期所有的收入列在一起，然后将所有的费用列在一起，两者相减，得出当期净损益。其基本格式见表 8-7。

表 8-7　利润表（单步式）

编制单位：　　　　　　　　　　　　　　　年　　月　　　　　　　　　　　　　　　单位：元

| 项目 | 金额 |
|---|---|
| 一、收入 | |
| 　主营业务收入 | |
| 　其他业务收入 | |
| 　投资净收益 | |
| 　营业外收入 | |
| 　收入小计 | |
| 二、费用、支出 | |
| 　主营业务成本 | |
| 　税金及附加 | |
| 　销售费用 | |
| 　管理费用 | |
| 　财务费用 | |
| 　营业外支出 | |
| 　其他业务成本 | |
| 　所得税费用 | |
| 　费用、支出小计 | |
| 三、净利润 | |

多步式利润表是通过对当期的收入、费用、支出项目按性质加以归类，按利润形成的主要环节列示一些中间性利润指标，如营业利润、利润总额、净利润，分步计算当期损益。在我国，利润表一般采用多步式。其具体格式和内容见表 8-8。

多步式利润表的优点是，便于对企业的生产经营情况进行分析，有利于不同企业之间进行比较，更重要的是利用多步式利润表有利于预测企业今后的盈利能力。

单步式利润表简单、直观，易于理解，但由于其提供的信息有限，故比较适合业务单一、规模较小的企业。

我国企业的利润表均采用多步式。

表 8-8　利润表（多步式）

会企 02 表

编制单位：　　　　　　　　　　　　　　　　　　　年　　月　　　　　　　　　　　单位：元

| 项目 | 本期数 | 本年累计数 |
|---|---|---|
| 一、营业收入 | | |
| 　减：营业成本 | | |
| 　　　税金及附加 | | |
| 　　　销售费用 | | |
| 　　　管理费用 | | |
| 　　　财务费用 | | |
| 　　　资产减值损失 | | |
| 　加：公允价值变动收益（损失以"-"号填列） | | |
| 　投资收益（损失以"-"号填列） | | |
| 　　其中：对联营企业和合营企业的投资收益 | | |
| 　　　　　资产处置收益（损失以"-"号填列） | | |
| 　　　　　其他收益 | | |
| 二、营业利润（亏损以"-"号填列） | | |
| 　加：营业外收入 | | |
| 　减：营业外支出 | | |
| 　　其中：非流动资产处置损失 | | |
| 三、利润总额（亏损总额以"-"号填列） | | |
| 　减：所得税费用 | | |
| 四、净利润（净亏损以"-"号填列） | | |
| 　（一）持续经营净利润（净亏损以"-"号填列） | | |
| 　（二）终止经营净利润（净亏损以"-"号填列） | | |
| 五、其他综合收益的税后净额 | | |
| 　（一）以后不能重分类进损益的其他综合收益 | | |
| 　（1）重新计量设定受益计划净负债或净资产的变动 | | |
| 　（2）权益法下在被投资单位不能重分类进损益的其他综合收益中享有的份额 | | |
| 　（二）以后将重分类进损益的其他综合收益 | | |
| 　（1）权益法下在被投资单位将重分类进损益的其他综合收益中享有的份额 | | |
| 　（2）可供出售金融资产公允价值变动损益 | | |
| 　（3）持有至到期投资重分类为可供出售金融资产损益 | | |
| 　（4）现金流量套期损益的有效部分 | | |
| 　（5）外币财务报表折算差额 | | |
| 六、综合收益总额 | | |
| 七、每股收益 | | |
| 　（一）基本每股收益 | | |
| 　（二）稀释每股收益 | | |

# 任务五　利润表的编制方法

## 一、利润表中的"本月数"和"本年累计数"

利润表是一张动态报表，反映的是企业在某一期间经营成果的构成情况，其日期不同于资产负债表，应填具体的会计期间，如月份、季度或年度。

我国《企业财务会计报告条例》规定：年度、半年度会计报表至少应当反映两个年度或者相关两个期间的比较数据。也就是说，企业需要提供比较利润表。所以，利润表各项目需要分为"本月数"和"本年累计数"两栏分别填列。

利润表中"本月数"栏反映各项目的本月实际发生数。在编报中期财务会计报告时，填列上年同期累计实际发生数；在编报年度财务会计报告时，填列上年全年累计实际发生数。如果上年度利润表与本年度利润表的项目名称和内容不一致，应对上年度利润表项目的名称和数字按本年度的规定进行调整，填入本表"上年数"栏。在编制中期和年度财务会计报告时，应将"本月数"栏改成"上年数"栏。

利润表中"本年累计数"栏反映各项目自年初起至报告期末止的累计实际发生数。

## 二、利润表中主要项目的填列方法

利润表中各项目的金额，一般是根据有关账户的本期发生额来填列的。"本月数"栏内各项数字，根据以下方法填列：

M8-5 利润表的编制

（1）"营业收入"项目。它反映企业经营业务所取得的收入总额。本项目应根据"主营业务收入"和"其他业务收入"账户的发生额合计填列。

（2）"营业成本"项目。它反映企业经营业务发生的实际成本。本项目应根据"主营业务成本"和"其他业务成本"账户的发生额合计填列。

（3）"税金及附加"项目。它反映企业经营业务应负担的营业税、消费税、城市维护建设税、资源税、土地增值税和教育费附加等。本项目应根据"营业税金及附加"账户的发生额分析填列。

（4）"销售费用"项目。它反映企业在销售商品和商品流通企业在购入商品等过程中发生的费用。本项目应根据"销售费用"账户的发生额分析填列。

（5）"管理费用"项目。它反映企业发生的管理费用总额。本项目应根据"管理费用"账户的发生额分析填列。

（6）"财务费用"项目。它反映企业发生的财务费用总额。本项目应根据"财务费用"账户的发生额分析填列。

（7）"资产减值损失"项目。它反映企业因资产减值而发生的损失。本项目应根据"资产减值损失"账户的发生额分析填列。

（8）"公允价值变动收益"项目。它反映企业资产因公允价值变动而发生的损益。本项目应根据"公允价值变动收益"账户的发生额分析填列。

（9）"投资收益"项目。它反映企业以各种方式对外投资所取得的收益。本项目应根据"投资收益"账户的发生额分析填列。如为投资损失，则以"-"号填列。

（10）"资产处置收益"项目。它反映企业出售划分为持有待售的非流动资产（金融工具、长期股权投资和投资性房地产除外）或处置时确认的处置利得或损失，以及处置未划分为持有待售的固定资产、在建工程、生产性生物资产及无形资产而产生的处置利得或损失。债务重组中因处置非流动资产产生的利得或损失和非货币性资产交换产生的利得或损失也包括在本项目内。本项目根据"资产处置收益"科目的发生额分析填列，如为处置损失，则以"-"号填列。

（11）"营业外收入"项目。它反映企业发生的与其经营活动无直接关系的各项收入。本项目应根据"营业外收入"账户的发生额分析填列。

（12）"营业外支出"项目。它反映企业发生的与其经营活动无直接关系的各项支出。本项目应根据"营业外支出"账户的发生额分析填列。

（13）"所得税费用"项目。它反映企业按规定从本期损益中减去的所得税。本项目应根据"所得税费用"账户的发生额分析填列。

（14）"净利润"项目，它反映企业实现的净利润。如为净亏损，则以"-"号填列。

（15）"持续经营净利润"和"终止经营净利润"项目。它们反映净利润中与持续经营相关的净利润和与终止经营相关的净利润。如为净亏损则以"-"号填列。

### 三、利润表编制举例

根据表 8-5 荣华公司 12 月总账发生额及余额试算平衡表相关资料，编制荣华公司 2019 年 12 月份利润表，如表 8-9 所示。

表 8-9　利润表

编制单位：荣华公司　　　　　　　　　　2019 年 12 月　　　　　　　　　　金额单位：元

| 项目 | 次 | 本月数 | 本年累计数（略） |
|---|---|---|---|
| 一、营业收入 |  | 106 000 |  |
| 减：营业成本 |  | 35 000 |  |
| 税金及附加 |  | 5 300 |  |
| 销售费用 |  | 7 480 |  |
| 管理费用 |  | 16 450 |  |
| 财务费用 |  | 600 |  |
| 资产减值损失 |  |  |  |
| 加：公允价值变动损益 |  |  |  |
| 投资收益 |  |  |  |
| 其中：对联营企业和合营企业的投资收益 |  |  |  |
| 资产处置收益（损失以"-"号填列） |  |  |  |
| 其他收益 |  |  |  |
| 二、营业利润 |  | 41 170 |  |
| 加：营业外收入 |  | 10 000 |  |
| 减：营业外支出 |  | 2 000 |  |
| 三、利润总额 |  | 49 170 |  |
| 减：所得税费用 |  | 16 266 |  |
| 四、净利润 |  | 32 904 |  |
| （一）持续经营净利润（净亏损以"-"号填列） |  |  |  |
| （二）终止经营净利润（净亏损以"-"号填列） |  |  |  |
| 五、其他综合收益的税后净额 |  |  |  |
| （一）以后不能重分类进损益的其他综合收益 |  |  |  |
| （1）重新计量设定受益计划净负债或净资产的变动 |  |  |  |
| （2）权益法下在被投资单位不能重分类进损益的其他综合收益中享有的份额 |  |  |  |

续表

| 项目 | 次 | 本月数 | 本年累计数（略） |
|---|---|---|---|
| （二）以后将重分类进损益的其他综合收益 | | | |
| （1）权益法下在被投资单位以后将重分类进损益的其他综合收益中享有的份额 | | | |
| （2）可供出售金融资产公允价值变动损益 | | | |
| （3）持有至到期投资重分类为可供出售金融资产损益 | | | |
| （4）现金流量套期损益的有效部分 | | | |
| （5）外币财务报表折算差额 | | | |
| 六、综合收益总额 | | | |
| 七、每股收益 | | | |
| （一）基本每股收益 | | | |
| （二）稀释每股收益 | | | |

【课后思考】

1. 什么是财务报表？财务报表具有哪些作用？
2. 财务报表如何分类？
3. 财务报表的编制应遵循哪些基本要求？
4. 什么是资产负债表？如何编制？
5. 什么是利润表？如何编制？

## 项目九

# 会计档案的管理

【学习目标】
1. 了解会计档案的内容、保管和销毁;
2. 能够正确规范地存档、保管和销毁会计档案;
3. 能够正确规范地进行会计档案交接。

【引导案例】
　　A 公司因特殊情况需要借用 B 公司的原始凭证,经 B 公司会计机构负责人批准,单位的会计人员就把相关的原始凭证借给了 A 公司。请问,B 公司的做法是否符合《会计档案管理办法》的有关规定?

## 任务一　认识会计档案

### 一、会计档案的概念

　　会计档案是指单位在进行会计核算等过程中接收或形成的,记录和反映单位经济业务事项的,具有保存价值的文字、图表等各种形式的会计资料,包括通过计算机等电子设备形成、传输和存储的电子会计档案。它是记录和反映经济业务的重要史料和证据。会计档案是国家档案的重要组成部分,也是各单位的重要档案,它是对一个单位经济活动的记录和反映,通过会计档案,可以了解每项经济业务的来龙去脉;可以检查一个单位是否遵守财经纪律,在会计资料中有无弄虚作假、违法乱纪等行为;会计档案还可以为国家、单位提供详尽的经济资料,为国家制定宏观经济政策及单位制定经营决策提供参考。
　　《会计法》规定,各单位对会计凭证、会计账簿、财务会计报告和其他会计资料应建立档案,妥善保管。各单位必须根据《会计档案管理办法》的规定,加强会计档案管理工作,建立和完善会计档案的收集、整理、保管、利用和鉴定销毁等管理制度,采取可靠的安全防护技术和措施,保证会计档案的真实、完整、可用、安全。

### 二、会计档案的特点

　　会计档案与文书档案、科技档案相比,有它自身的特点,主要表现在以下三个方面:
#### 1. 形成范围广泛
　　凡是具备独立会计核算的单位,都要形成会计档案。这些单位有国家机关、社会团体、企业、事业单位以及按规定应当建账的个体工商户和其他组织。一方面,会计档案在社会的各领域无处不有,形成普遍;另一方面,会计档案的实体数量也相对其他门类的档案数量更多一些。尤其是在企业、商业、金融、财政、税务等单位，会计档案不仅是反映这些单位的职能活动的重要材料，而且产生的数量也大。

### 2. 档案类别稳定

社会上会计工作的种类繁多，如有工业会计、商业会计、银行会计、税收会计、总预算会计、单位预算会计等，但是会计核算的方法、工作程序以及所形成的会计核算材料的成分是一致的，即会计凭证、会计账簿、财务报告等。会计档案内容成分的稳定和共性，是其他门类档案无可比拟的，它便于整理分类，有利于管理制度的制定和实际操作的规范、统一。

### 3. 外在形式多样

会计专业的性质决定了会计档案形式的多样化。会计的账簿，有订本式账、活页式账、卡片式账之分。财务报告由于有文字、表格、数据而出现了16开或8开的纸张规格以及计算机打印报表等。会计凭证在不同行业，外形更是大小各异，长短参差不齐。会计档案的这个外形多样的特点，要求在会计档案的整理和保管方面，不能照搬照抄管理其他门类档案的方法，而是要从实际出发，防止"一刀切"。

## 三、会计档案的分类

会计档案一般指会计凭证、会计账簿、会计报表以及其他会计核算资料等。

M9-1 会计档案分类

（1）会计凭证类：会计凭证是记录经济业务，明确经济责任的书面证明。包括原始凭证、记账凭证、汇总凭证、其他会计凭证。

（2）会计账簿类：会计账簿是由一定格式、相互联结的账页组成，以会计凭证为依据，全面、连续、系统地记录各项经济业务的簿籍。包括总账、明细账、日记账、固定资产卡片、辅助账簿、其他会计账簿。

（3）财务会计报告类：财务会计报告反映企业会计财务状况和经营成果的总结性书面文件。月度、季度、年度财务报告，包括会计报表、附表、附注及文字说明，其他财务报告。

（4）其他会计资料类：其他会计核算资料属于经济业务范畴，与会计核算、会计监督紧密相关的，由会计部门负责办理的有关数据资料。如：银行存款余额调节表、银行对账单、其他应当保存的会计核算专业资料、会计档案移交清册、会计档案保管清册、会计档案销毁清册等。实行会计电算化单位存贮在磁性介质上的会计数据、程序文件及其他会计核算资料均应视同会计档案一并管理。

需要注意的是，预算、计划、制度等文件材料，不属于会计档案，应当作为文书档案进行管理。

# 任务二 会计档案的归档保管

## 一、会计档案的整理、归档

根据《会计档案管理办法》，各单位当年形成的会计档案，应由会计机构按照归档的要求，负责整理立卷，装订成册，编制会计档案保管清册。如图9-1所示。

图 9-1　会计档案

### （一）会计档案的整理立卷

会计年度终了后，对会计资料进行整理立卷。会计档案的整理一般采用"三统一"的办法，即：分类标准统一、档案形成统一、管理要求统一，并分门别类按各卷顺序编号。

**1. 分类标准统一**

一般将财务会计资料分成账簿、凭证、报表、文字资料及其他。

**2. 档案形成统一**

案册封面、档案卡夹、存放柜和存放序列统一。

**3. 管理要求统一**

建立财务会计资料档案簿、会计资料档案目录；会计凭证装订成册，报表和文字资料分类立卷，其他零星资料按年度排序汇编装订成册。

### （二）会计档案的装订

会计档案的装订主要包括会计凭证、会计账簿、会计报表及其他文字资料的装订。

**1. 会计凭证的装订**

一般每月装订一次，装订好的凭证按年分月妥善保管归档。

（1）会计凭证装订前的准备工作

① 分类整理，按顺序排列，检查日数、编号是否齐全。

② 按凭证汇总日期归集（如按上、中、下旬汇总归集）确定装订成册的本数。

③ 摘除凭证内的金属物（如订书针、大头针、回形针），对大的张页或附件要折叠成同记账凭证大小，且要避开装订线，以便翻阅保持数字完整。

④ 整理检查凭证顺序号，如有颠倒要重新排列，发现缺号要查明原因。再检查附件有否漏缺，领料单、入库单、工资、奖金发放单是否随附齐全。

⑤ 记账凭证上有关人员（如财务主管、复核、记账、制单等）的印章是否齐全。

（2）会计凭证装订时的要求

① 凭证外面要加封面，封面纸用质好的牛皮纸印制，封面规格略大于所附记账凭证。

② 装订凭证厚度一般 1.5 厘米，方可保证装订牢固，美观大方。

③ 装订时使记账凭证及其附件保持尽可能大的显露面，以便于事后查阅。

（3）会计凭证装订后的注意事项

① 每本封面上填写好凭证种类、起止号码、凭证张数、会计主管人员和装订人员签章；

② 在封面上编好卷号，按编号顺序入柜，并要在显露处标明凭证种类编号，以便于调阅。

**2. 会计账簿的装订**

各种会计账簿年度结账后,除跨年使用的账簿外,其他账簿应按时整理立卷。基本要求是:

(1) 账簿装订前要求

首先按账簿启用表的使用页数核对各个账户是否相符,账页数是否齐全,序号排列是否连续;然后按会计账簿封面、账簿启用表、账户目录、该账簿按页数顺序排列的账页、会计账簿装订封底的顺序装订。

(2) 活页账簿装订要求

① 保留已使用过的账页,将账页数填写齐全,去除空白页和撤掉账夹,用质好的牛皮纸做封面、封底,装订成册。

② 多栏式活页账、三栏式活页账、数量金额式活页账等不得混装,应按同类业务、同类账页装订在一起。

③ 在本账的封面上填写好账目的种类,编好卷号,会计主管人员和装订人(经办人)签章。

(3) 账簿装订后的其他要求

① 会计账簿应牢固、平整,不得有折角、缺角、错页、掉页、夹空白纸的现象。

② 会计账簿的封口要严密,封口处要加盖有关印章。

③ 封面应齐全、平整,并注明所属年度及账簿名称、编号,编号为一年一编,编号顺序为总账、现金日记账、银行存款日记账、明细分类账。

④ 会计账簿按保管期限分别编制卷号,如现金日记账全年按顺序编制卷号;总账、各类明细账、辅助账全年按顺序编制卷号。

**3. 会计报表的装订**

会计报表编制完成并按时报送后,留存报表均应按月装订成册,年度终了统一归档保管。小企业可按季装订成册。第一,会计报表装订前要按编报目录核对是否齐全,整理报表页数,上边和左边对齐压平,防止折角,如有损坏部位,应在修补后完整无缺地装订;第二,会计报表装订顺序为:会计报表封面、会计报表编制说明、各种会计报表(按会计报表的编号顺序排列)、会计报表的封底;第三,按保管期限编制卷号。

## 二、会计档案的保管

《会计档案管理办法》规定:当年形成的会计档案,在会计年度终了后,可由单位会计管理机构临时保管一年,再移交单位档案管理机构保管。因工作需要确需推迟移交的,应当经单位档案管理机构同意。单位会计管理机构临时保管会计档案最长不超过三年。临时保管期间,会计档案的保管应当符合国家档案管理的有关规定,且出纳人员不得兼管会计档案。

单位会计管理机构在办理会计档案移交时,应当编制会计档案移交清册,并按照国家档案管理的有关规定办理移交手续。纸质会计档案移交时应当保持原卷的封装。电子会计档案移交时应当将电子会计档案及其元数据一并移交,且文件格式应当符合国家档案管理的有关规定。特殊格式的电子会计档案应当与其读取平台一并移交。单位档案管理机构接收电子会计档案时,应当对电子会计档案的准确性、完整性、可用性、安全性进行检测,符合要求的才能接收。

会计档案管理人员负责全部会计档案的整理、立卷、保管、调阅、销毁等一系列工作。机构变动或档案管理人员调动时,应办理交接手续,由原管理人员编制会计档案移交清册,将全部案卷逐一点交,接管人员逐一接收。

### (一）会计档案的保管要求

**1. 会计档案的移交手续要求**

财务会计部门在将会计档案移交本单位档案部门时，应按下列程序进行：

（1）开列清册，填写交接清单；

（2）在账簿使用日期栏填写移交日期；

（3）交接人员按移交清册和交接清单项目核查无误后签章。

**2. 会计档案的保管要求**

（1）会计档案室应选择在干燥防水的地方，并远离易燃品堆放地，周围应备有适应的防火器材；

（2）采用透明塑料膜作防尘罩、防尘布，遮盖所有档案架和堵塞鼠洞；

（3）会计档案室内应经常用消毒药剂喷洒，经常保持清洁卫生，以防虫蛀；

（4）会计档案室保持通风透光，并有适当的空间、通道和查阅地方，以利查阅，并防止潮湿；

（5）设置归档登记簿、档案目录登记簿、档案借阅登记簿，严防毁坏损失、散失和泄密；

（6）会计电算化档案保管要注意防盗、防磁等安全措施。

### （二）会计档案的保管期限

会计档案的重要程度不同，其保管期限也有所不同。各种会计档案的保管期限，根据其特点，分为永久、定期两类。永久档案即长期保管，不可以销毁的档案；定期档案根据保管期限分为 5 年、10 年、30 年。《会计档案管理办法》规定了我国企业和其他组织、预算单位等会计档案的保管期限，该办法规定的会计档案保管期限为最低保管期限，会计档案的保管期限，从会计年度终了后的第一天算起。

M9-2 会计档案保管

《会计档案管理办法》规定的各类会计档案的保管期限如表 9-1 和表 9-2 所示。

表 9-1 企业和其他组织会计档案保管期限表

| 序号 | 档案名称 | 保管期限 | 备注 |
|---|---|---|---|
| 一 | 会计凭证 | | |
| 1 | 原始凭证 | 30 年 | |
| 2 | 记账凭证 | 30 年 | |
| 二 | 会计账簿 | | |
| 3 | 总账 | 30 年 | |
| 4 | 明细账 | 30 年 | |
| 5 | 日记账 | 30 年 | |
| 6 | 固定资产卡片 | | 固定资产报废清理后保管 5 年 |
| 7 | 其他辅助性账簿 | 30 年 | |
| 三 | 财务会计报告 | | |
| 8 | 月度、季度、半年度财务会计报告 | 10 年 | |
| 9 | 年度财务会计报告 | 永久 | |
| 四 | 其他会计资料 | | |

续表

| 序号 | 档案名称 | 保管期限 | 备注 |
|---|---|---|---|
| 10 | 银行存款余额调节表 | 10年 | |
| 11 | 银行对账单 | 10年 | |
| 12 | 纳税申报表 | 10年 | |
| 13 | 会计档案移交清册 | 30年 | |
| 14 | 会计档案保管清册 | 永久 | |
| 15 | 会计档案销毁清册 | 永久 | |
| 16 | 会计档案鉴定意见书 | 永久 | |

表9-2 财政总预算、行政单位、事业单位和税收会计档案保管期限表

| 序号 | 档案名称 | 保管期限 财政总预算 | 保管期限 行政单位 事业单位 | 保管期限 税收会计 | 备注 |
|---|---|---|---|---|---|
| 一 | 会计凭证 | | | | |
| 1 | 国家金库编送的各种报表及缴库退库凭证 | 10年 | | 10年 | |
| 2 | 各收入机关编送的报表 | 10年 | | | |
| 3 | 行政单位和事业单位的各种会计凭证 | | 30年 | | 包括：原始凭证、记账凭证和传票汇总表 |
| 4 | 财政总预算拨款凭证和其他会计凭证 | 30年 | | | 包括：拨款凭证和其他会计凭证 |
| 二 | 会计账簿 | | | | |
| 5 | 日记账 | | 30年 | 30年 | |
| 6 | 总账 | 30年 | 30年 | 30年 | |
| 7 | 税收日记账（总账） | | | 30年 | |
| 8 | 明细分类、分户账或登记簿 | 30年 | 30年 | 30年 | |
| 9 | 行政单位和事业单位固定资产卡片 | | | | 固定资产报废清理后保管5年 |
| 三 | 财务会计报告 | | | | |
| 10 | 政府综合财务报告 | 永久 | | | 下级财政、本级部门和单位报送的保管2年 |
| 11 | 部门财务报告 | | 永久 | | 所属单位报送的保管2年 |
| 12 | 财政总决算 | 永久 | | | 下级财政、本级部门和单位报送的保管2年 |
| 13 | 部门决算 | | 永久 | | 所属单位报送的保管2年 |
| 14 | 税收年报（决算） | | | 永久 | |
| 15 | 国家金库年报（决算） | 10年 | | | |
| 16 | 基本建设拨、贷款年报（决算） | 10年 | | | |
| 17 | 行政单位和事业单位会计月、季度报表 | | 10年 | | 所属单位报送的保管2年 |
| 18 | 税收会计报表 | | | 10年 | 所属税务机关报送的保管2年 |
| 四 | 其他会计资料 | | | | |
| 19 | 银行存款余额调节表 | 10年 | 10年 | | |
| 20 | 银行对账单 | 10年 | 10年 | 10年 | |
| 21 | 会计档案移交清册 | 30年 | 30年 | 30年 | |
| 22 | 会计档案保管清册 | 永久 | 永久 | 永久 | |
| 23 | 会计档案销毁清册 | 永久 | 永久 | 永久 | |
| 24 | 会计档案鉴定意见书 | 永久 | 永久 | 永久 | |

注：税务机关的税务经费会计档案保管期限，按行政单位会计档案保管期限规定办理。

# 任务三　会计档案的借阅和销毁

## 一、会计档案的借阅

### （一）会计档案的查阅和复制

各单位应建立健全会计档案的查阅、复制登记制度。各单位保存的会计档案不得借出。如有特殊需要，经本单位负责人批准，可以提供查阅或者复制，并办理登记手续。查阅或者复制会计档案的人员，严禁在会计档案上涂画、拆封或抽换。

### （二）会计档案的交接

单位之间交接会计档案的，交接双方应当办理会计档案交接手续。

（1）单位因撤销、解散、破产或者其他原因而终止的，在终止和办理注销登记手续之前形成的会计档案，应当由终止单位的业务主管部门或财产所有者代管或移交有关档案馆代管。

（2）单位分立后原单位存续的，其会计档案应当由分立后的存续方统一保管，其他方可查阅、复制与其业务相关的会计档案。

（3）单位分立后原单位解散的，其会计档案应当经各方协商后，由其中一方代管或移交档案馆代管，各方可查阅、复制与其业务相关的会计档案。

（4）单位分立中未结清的会计事项，所涉及的原始凭证应当单独抽出由业务相关方保存，并按规定办理交接手续。

（5）单位因业务移交其他单位所涉及的会计档案，应当由原单位保管，承接业务单位可查阅、复制与其业务相关的会计档案，对其中未结清的会计事项所涉及的原始凭证，应当单独抽出由业务承接单位保存，并按规定办理交接手续。

（6）单位合并后原各单位解散或一方存续其他方解散的，原各单位的会计档案应当由合并后的单位统一保管；单位合并后原各单位仍存续的，其会计档案仍应由原各单位保管。

（7）建设单位在项目建设期间形成的会计档案，应当在办理竣工决算后移交给建设项目的接受单位，并按规定办理交接手续。

单位之间交接会计档案的，交接双方应当办理会计档案交接手续。移交会计档案的单位应当编制会计档案移交清册，列明应当移交的会计档案名称、卷号、册数、起止年度和档案编号、应保管期限、已保管期限等内容。

交接会计档案时，交接双方应当按照会计档案移交清册所列内容逐项交接，并由交接双方的单位负责人负责监交。交接完毕后，交接双方经办人和监交人应当在会计档案移交清册上签名或者盖章。

我国境内所有单位的会计档案不得携带出境。驻外机构和境内单位在境外设立的企业（简称境外单位）的会计档案，应当按照《会计档案管理办法》和有关规定进行管理。

## 二、会计档案的销毁

会计档案的销毁是一项严肃的工作，各单位必须严格按照《会计法》和《会计档案管理办法》的规定进行。故意销毁依法应当保存的会计凭证、会计账簿、财务会计报告的行为，以及授意、指使、强令会计机构、会计人员及其他人员故意销毁依法应当保存的会计凭证、会计账簿、财务会计报告的行为，都是违法行为。

会计档案保管期满，需要销毁时由档案部门提出销毁清单，汇同财务部门共同鉴定后，编制会计档案销毁清册，报经主管经理和上级主管部门批准后，方可销毁。对于保管期满但未结清的债权债务原始凭证以及涉及其他未了事项的原始凭证，不得销毁，应单独抽出，另行立卷，由档案部门保管到结清债权、债务时为止。单独抽出立卷的会计档案应当在会计档案销毁清册和会计档案保管清册中列明。正在项目建设期间的建设单位，其保管期满的会计档案不得销毁。

按规定销毁会计档案时，应由档案部门和财会部门、审计部门共同派人监销，监销人在销毁会计档案以前要认真清点、核对，销毁后，在销毁清册上签名盖章，并将监销情况以书面形式报告有关领导。

会计档案保管期满需要销毁的，可以按照以下程序销毁：

（1）由本单位档案机构提出销毁意见，编制会计档案销毁清册，列明：销毁会计档案的名称、卷号、册数、起止年度和档案编号、应保管期限、已保管期限、销毁时间等内容。

（2）单位负责人在会计档案销毁清册上签署意见。

（3）销毁会计档案时，应当由单位档案机构和会计机构共同派员监销。国家机关销毁会计档案时，应当由同级财政部门、审计部门派员参加监销。财政部门销毁会计档案时，应当由同级审计部门派员参加监销。

（4）监销人在销毁会计档案前，应当按照会计档案销毁清册所列内容清点核对所要销毁的会计档案；销毁后，应当在会计档案销毁清册上签名盖章，并将监销情况报告本单位负责人。

**【课后思考】**

1. 什么是会计档案？包括哪些内容？
2. 会计档案有哪些特点？
3. 根据会计档案的重要程度不同，如何分类？
4. 如何对会计档案进行保管？
5. 会计档案保管期满，如何进行销毁？

M9-3 拓展阅读：会计档案管理办法

M9-4 在线测试

# 参考文献

[1] 李占国. 基础会计. 第4版. 北京：高等教育出版社，2017.
[2] 邱道欣. 基础会计. 北京：机械工业出版社，2017.
[3] 姚云霞. 基础会计. 北京：中国经济出版社，2016.
[4] 张维今. 基础会计. 北京：清华大学出版社，2016.
[5] 宋秀珍. 基础会计. 南京：南京大学出版社，2016.